优等生必玩的火柴游戏

——培养数学兴趣

于雷 徐杰 编著

清华大学出版社

北京

内 容 简 介

火柴是一种常见的生活物品,用火柴(可用其他类似物品替代)可以摆出各种有趣的图形、数字、运算符号等。再通过去掉、添加或移动火柴,可以产生各种不同的变化。这就是让成人和孩子都十分着迷的火柴棍游戏。

本书汇集了数百个有趣而又健脑的火柴棍游戏,移动一根火柴可以变出新的图形,移动一根火柴可以让等式成立,一根火柴可以让我们变得更聪明、更快乐。

图书在版编目(CIP)数据

优等生必玩的火柴游戏:培养数学兴趣/于雷,徐杰编著.—北京:清华大学出版社,2021.3
(最强大脑思维训练系列)
ISBN 978-7-302-57355-5

Ⅰ．①优…　Ⅱ．①于…　②徐…　Ⅲ．①智力游戏—青少年读物　Ⅳ．①G898.2

中国版本图书馆 CIP 数据核字(2021)第 017971 号

责任编辑:张龙卿
封面设计:徐日强
责任校对:赵琳爽
责任印制:朱雨萌

出版发行:清华大学出版社
　　　　　网　　址:http://www.tup.com.cn,http://www.wqbook.com
　　　　　地　　址:北京清华大学学研大厦 A 座　　　　　　邮　　编:100084
　　　　　社 总 机:010-62770175　　　　　　　　　　　　邮　　购:010-62786544
　　　　　投稿与读者服务:010-62776969,c-service@tup.tsinghua.edu.cn
　　　　　质量反馈:010-62772015,zhiliang@tup.tsinghua.edu.cn
印 装 者:北京嘉实印刷有限公司
经　　销:全国新华书店
开　　本:185mm×260mm　　　印　　张:9.25　　　字　　数:201 千字
版　　次:2021 年 5 月第 1 版　　　　　　　　　　印　　次:2021 年 5 月第 1 次印刷
定　　价:45.00 元

产品编号:090831-01

前言

火柴是我们生活中十分常见的用品,那么,它除了用来生火外,还可以用来做什么呢?当然是做游戏了!

我记得小时候我最喜欢做的就是火柴棍游戏,父亲总是不断地出题考我,我绞尽脑汁不停地想,做出来并被父亲夸奖时感觉特别得意。

如今,整理出来一些经典有趣的火柴棍游戏给所有喜欢的朋友。不要只看书中的介绍,最好也拿出火柴棍与朋友一起摆一摆,挪一挪,既锻炼了头脑,又增进了友谊,何乐而不为呢?

火柴棍游戏大体可以分为两种:一种是图形,另一种是算式。

用火柴棍可以摆出许多图形,不仅限于一些简单的几何图形,如三角形、四边形、多边形等;还可以摆出各种生活中的物品,如房子、家具、各种动物造型等;也可以通过移动其中的某根或者几根火柴,使它们之间出现一些有趣的变化。

而用火柴棍摆算式就更丰富多彩了,仅 0 ~ 9 这 10 个阿拉伯数字,就可以有几种不同的摆法。下面是一些常用数字和运算符号的摆法。

这些数字和符号在去掉、添加或移动火柴棍后,有些是可以相互转化的。而我们在做火柴棍算式游戏时,就是利用这些变化改变算式中的数字或符号,使之符合题目要求,这就要求我们能够注意 0 ~ 9 这 10 个数字都是如何摆成的,它们之间有什么联系。比如,摆好了 5,怎么可以让它变成数字 6。

火柴棍游戏不受场地和时间的限制,只要有几根火柴(或几根长短一样的细小木棍)就可以进行。火柴棍游戏寓数学知识、思维技巧于游戏之中,可以启迪你的智慧,开阔你的思路,丰富你的业余生活。

编著者

2021 年 1 月

目录

一、火柴变形状

1. 颠倒椅子

图 1-1 这个椅子倒了，你能只移动其中的 2 根火柴就把它正过来吗？

2. 搬桌子

图 1-2 是用火柴拼成的 2 把椅子、1 张桌子，请问如果要把桌子搬到 2 把椅子中间，最少需要移动多少根火柴？

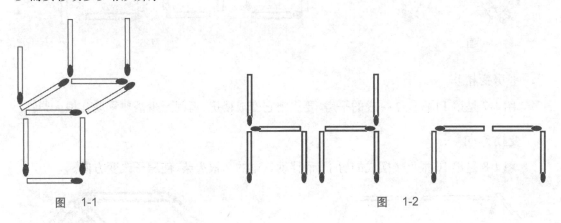

图 1-1   图 1-2

3. 蘑菇繁殖

图 1-3 是 1 个蘑菇，你能只移动其中的 4 根火柴就让它变成 2 个一样的小蘑菇吗？

4. 小伞

请移动其中的 3 根火柴，把图 1-4 的小伞变成 3 个三角形。

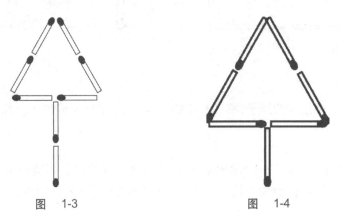

图 1-3   图 1-4

5. 平面变立体

图 1-5 有 3 个等边三角形,很明显,它是一个平面图形,那么,如何只移动其中的 3 根火柴,就使它变成立体图形呢?

6. 小鸭变小鸡

图 1-6 是用火柴摆成的鸭子（英文 Duck）,你能只移动其中的 1 根火柴,就让它变成小鸡吗?

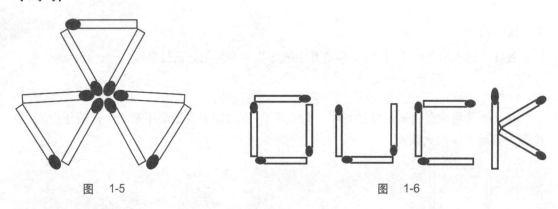

图 1-5　　　　　　　　　　　图 1-6

7. 平房变楼房

图 1-7 是用 14 根火柴拼成的平房,要想把它变成楼房,请问至少需要移动几根火柴?

8. 变换方向

图 1-8 是用 10 根火柴摆成的房子,请移动其中的 2 根火柴,使房子改变方向。

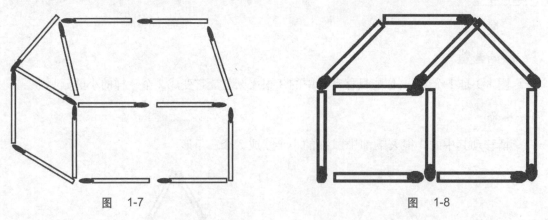

图 1-7　　　　　　　　　　　图 1-8

9. 旗子变房子

图 1-9 是由火柴摆成的旗子,移动其中的 4 根火柴,把它变成房子。你会移动吗?

10. 白塔倒影

在北京大学的校园里有一个湖叫未名湖,它旁边有座水塔名叫博雅塔。塔倒映在水中,是燕园的一大景观,被称为湖光塔影。图 1-10 是用 10 根火柴摆的塔,你只要移动其中的

3 根火柴,倒立的"湖光塔影"便会呈现在你面前!你知道怎么移动吗?

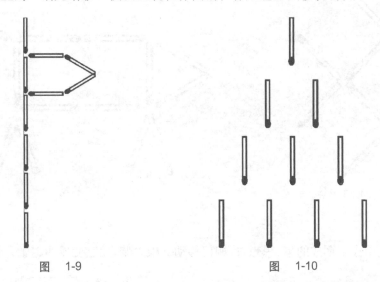

图 1-9　　　　　　　　　　图 1-10

11．倒转酒杯

如图 1-11 所示,用 4 根火柴可以分别摆成 2 个小"酒杯"样,"杯"中放一个"球"。无论哪只酒杯,只要移动其中的 2 根火柴,就可以使"酒杯"中的球放在"杯"外,你试试看。

12．酒杯

如图 1-12 所示,这是由 10 根火柴摆成的 2 只高脚杯,请移动其中的 6 根火柴,使它变成房子。

图 1-11　　　　　　　　　　图 1-12

13．反方向（1）

移动最少的火柴,让鱼往反方向游,见图 1-13。

14．反方向（2）

移动最少的火柴,让猪往反方向走,见图 1-14。

15．飞鸟

图 1-15 是一只用 10 根火柴摆成的头朝下的小鸟,你能只移动其中的 3 根火柴,就使小鸟的头变成朝上的吗?

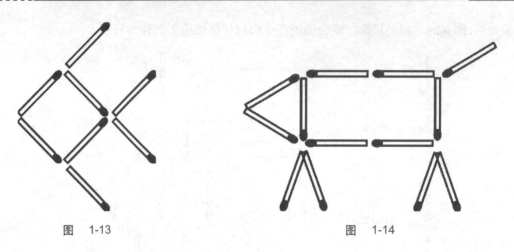

图 1-13   图 1-14

16. 一头猪

图 1-16 是用火柴摆成的猪,想想看,如何移动 2 根火柴,使它变成四腿张开的猪?

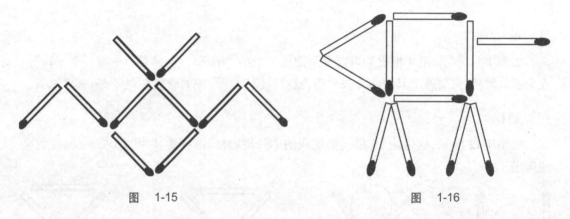

图 1-15   图 1-16

17. 改变方向

如图 1-17 所示,用 4 根火柴拼成了畚斗形,请你移动其中的 2 根火柴,改变畚斗的方向。

18. 游水的小鱼

如图 1-18 所示,水里有条鱼,它正在向下游游。请你移动最少的火柴,使它向上游游,那么需要移动几根火柴呢?

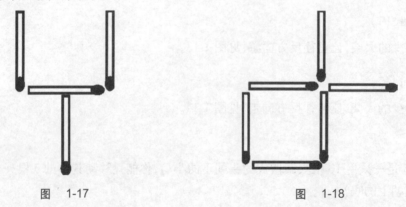

图 1-17   图 1-18

19．倒扣的杯子

图 1-19 是两个由火柴摆成的倒扣着的杯子,请移动其中的 4 根火柴,把杯口正过来。

20．长枪

图 1-20 是由 9 根火柴摆成的长枪,请移动其中的 4 根火柴,把它变成 4 个全等的三角形。

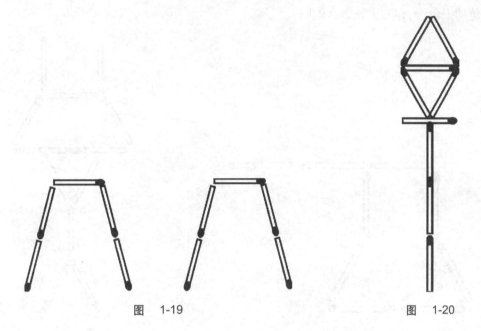

图　1-19　　　　　图　1-20

21．小船

小明用火柴拼了一艘如图 1-21 所示小船,然后移动了其中的 4 根火柴,这个图形就变成了有 3 个梯形和 2 个三角形的形状,你知道他是怎么移动火柴的吗?

22．天平

如图 1-22 所示,这是由 9 根火柴组成的天平,且处于不平衡状态,请移动其中的 5 根火柴,使它变为平衡。

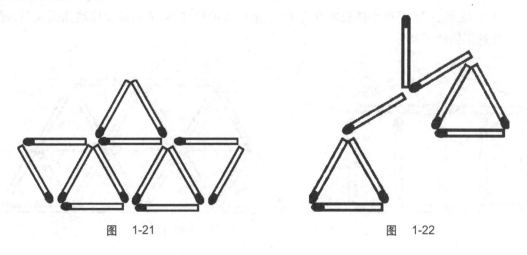

图　1-21　　　　　图　1-22

23．斧子

移动 4 根火柴，把图 1-23 中的斧子变为 3 个全等的三角形，你知道怎么做吗？

24．台灯

如图 1-24 所示，这是一个由 12 根火柴摆成的台灯，请移动其中的 3 根火柴，使其变为 5 个全等的三角形，你知道该怎么做吗？

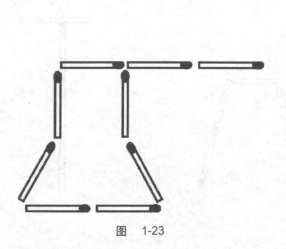

图　1-23

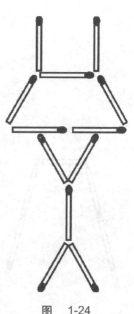

图　1-24

25．仓库

如图 1-25 所示，这是由 11 根火柴摆成的仓库。

（1）请移动其中的 2 根火柴，把它变成 11 个正方形。

（2）请移动其中的 4 根火柴，把它变成 15 个正方形。

26．翻转梯形

图 1-26 是由 23 根火柴摆成的含有 12 个小三角形的梯形，请问最少移动几根火柴，就可以让梯形倒转过来呢？

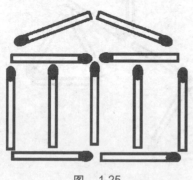

图　1-25

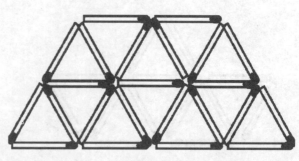

图　1-26

27．太阳变风车

图 1-27 是由 12 根火柴组成的太阳图案,现在请移动其中的 4 根火柴,使它变成风车,你会移动吗?

28．箭头变正方形

图 1-28 是由 16 根火柴摆出的箭的形状,请移动其中的 7 根火柴,使它变成 5 个大小和形状完全相同的四边形,你知道应该怎么做吗?

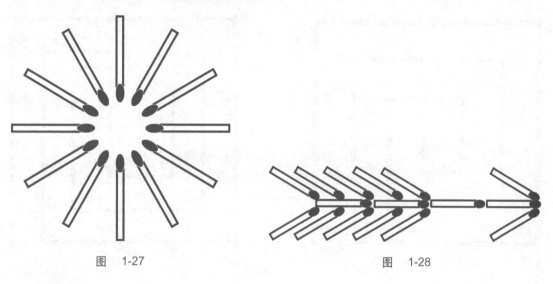

图　1-27　　　　　　　　　　图　1-28

29．螺旋形（1）

图 1-29 是用火柴摆成的螺旋形,请移动其中的 3 根火柴,使其变成 3 个正方形。你知道应该怎么移动吗?

30．螺旋形（2）

图 1-30 是用火柴摆成的螺旋形,请移动其中的 4 根火柴,使其变成 3 个正方形。你知道应该怎么移动吗?

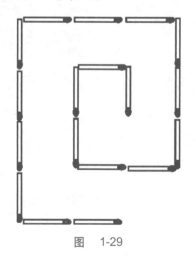 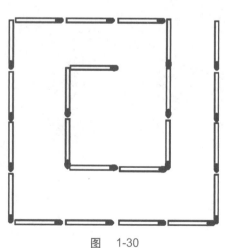

图　1-29　　　　　　　　　　图　1-30

31. 螺旋形（3）

图 1-31 是用火柴摆成的螺旋形，请移动其中的 3 根火柴，使其变成 3 个正方形。你知道应该怎么移动吗？

32. 螺旋形（4）

图 1-32 是用火柴摆成的螺旋形，请移动其中的 5 根火柴，使其变成 4 个正方形。你知道应该怎么移动吗？

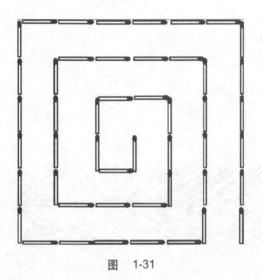

图 1-31

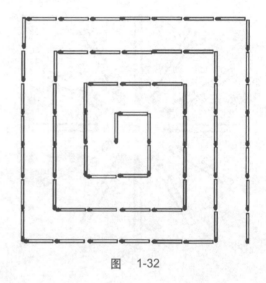

图 1-32

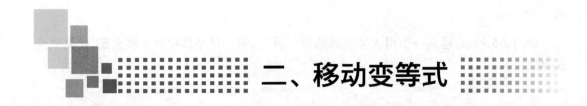

二、移动变等式

33. 等式成立

图 2-1 是一个用火柴摆成的算式,很明显它是错误的,现在请你移动其中的 1 根火柴,使这个等式成立。一共有 3 种方法,你能全部找出来吗?

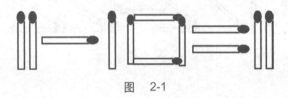

图　2-1

34. 移动火柴 (1)

图 2-2 是由火柴摆成的算式,请移动其中的 1 根火柴,使算式变成等式。

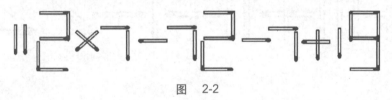

图　2-2

35. 移动一根火柴

图 2-3 是由火柴摆成的算式,请移动其中的 1 根火柴,使算式变成等式。

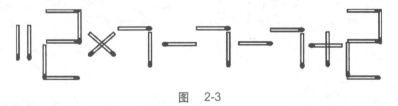

图　2-3

36. 如何成等式

移动其中的 1 根火柴,使图 2-4 所示的算式变成等式。

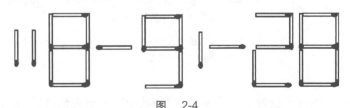

图　2-4

37. 移动火柴（2）

如图 2-5 所示，这是一个用火柴摆成的数学算式，请你移动其中的 2 根火柴，使算式变成等式。

图 2-5

38. 火柴算式

如图 2-6 所示，由火柴摆成的算式中，移动其中的 2 根火柴，使算式变成等式。

图 2-6

39. 变等式（1）

如图 2-7 所示，由火柴摆成的算式中，移动其中的 1 根火柴，使算式变成等式。

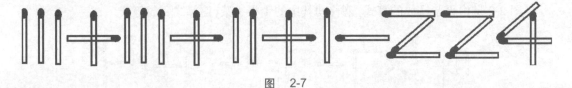

图 2-7

40. 变等式（2）

如图 2-8 所示，由火柴摆成的算式中，移动其中的 2 根火柴，使算式变成等式。

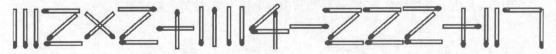

图 2-8

41. 变等式（3）

如图 2-9 所示，由火柴摆成的算式中，移动其中的 1 根火柴，使算式变成等式。

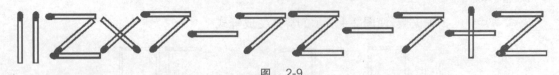

图 2-9

42. 等号在哪里

如图 2-10 所示，由火柴摆成的算式中，只移动其中的 1 根火柴，使算式变成等式。

图 2-10

43．五个 4

只移动其中的 1 根火柴,使图 2-11 所示的算式变成等式。

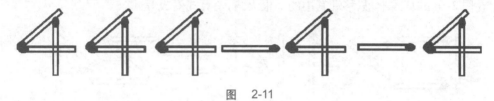

图 2-11

44．全是 1

只移动其中的 1 根火柴,让图 2-12 所示算式变成等式。

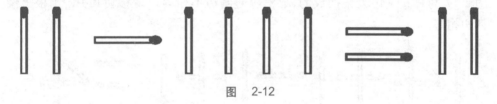

图 2-12

45．错误的式子

在图 2-13 所示的算式中只移动其中的 1 根火柴,使错误的算式变成正确的算式。

图 2-13

46．火柴游戏（1）

在图 2-14 所示的算式中只移动其中的 1 根火柴,使错误的算式变成正确的算式。

图 2-14

47．移动 2 根火柴（1）

移动其中的 2 根火柴,使图 2-15 所示算式变成等式。

图　2-15

48．乘法运算

在图 2-16 的算式中，只移动其中的 2 根火柴，使算式变成等式。

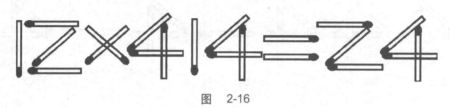

图　2-16

49．加减法

图 2-17 的算式是用火柴摆成的，显然等号两边不相等。请移动其中的 1 根火柴，使等号两边相等。

图　2-17

50．不相等

图 2-18 的算式是用火柴摆成的，显然等号两边不相等。请移动其中的 1 根火柴，使等号两边相等。

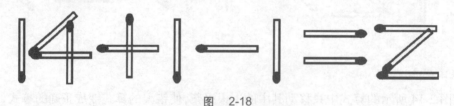

图　2-18

51．都会相等

在图 2-19 所示的用火柴组成的等式中，不管你移动其中的 1 根、2 根或 3 根火柴来改变其中的数字或运算符号，都可以使等式两边保持相等。你能分别列出移动 1 根、2 根和 3 根火柴依然相等的算式吗？

52．移动 2 根火柴（2）

在图 2-20 所示火柴摆成的算式中，移动其中的 2 根火柴，使等式成立。

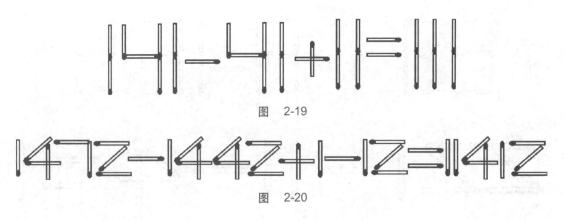

图　2-19

图　2-20

53．移动 2 根火柴（3）

在图 2-21 所示的算式中移动其中的 2 根火柴，使等式成立。

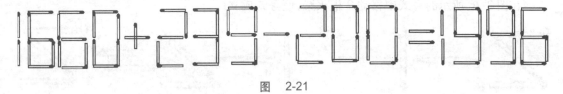

图　2-21

54．移动 2 根火柴（4）

图 2-22 所示的算式是错误的，请移动其中的 2 根火柴，使它变成正确的算式。

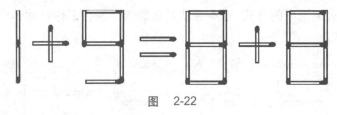

图　2-22

55．变为正确算式（1）

图 2-23 所示的算式是错误的，请移动其中的 2 根火柴，使它变成正确的算式。

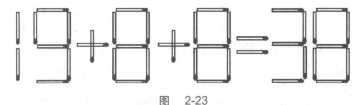

图　2-23

56．变为正确算式（2）

图 2-24 所示的算式是错误的，请移动其中的 3 根火柴，使它变成正确的算式。

57．变为正确算式（3）

图 2-25 所示的算式是错误的，请移动其中的 1 根火柴，使它变成正确的算式。

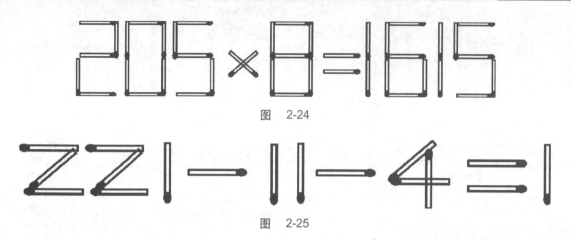

图 2-24

图 2-25

58. 数学算式

在图 2-26 所示的算式中移动 2 根火柴，使等式成立。

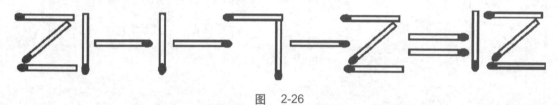

图 2-26

59. 除法等式

图 2-27 是用火柴搭成的等式，它本身就是正确的。现在请你移动其中的 1 根火柴，使其变成另一个等式。

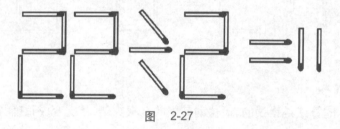

图 2-27

60. 变成等式（1）

请你移动图 2-28 所示式子中的 1 根火柴，使其变成等式。

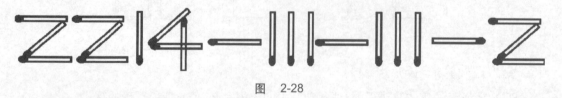

图 2-28

61. 火柴游戏（2）

在图 2-29 由火柴摆成的算式中，移动其中的 2 根火柴，使等式成立。

图 2-29

62．移动火柴（3）

在图 2-30 由火柴摆成的算式中，移动其中的 1 根火柴，使算式成立。

图 2-30

63．火柴等式

在图 2-31 由火柴摆成的算式中，移动其中的 1 根火柴，使算式成立。

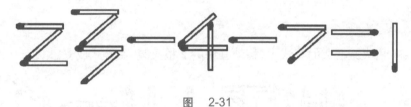

图 2-31

64．移动 3 根火柴（1）

在图 2-32 由火柴摆成的算式中，移动其中的 3 根火柴，使算式成立。

图 2-32

65．移动 3 根火柴（2）

在图 2-33 由火柴摆成的算式中，移动其中的 3 根火柴，使算式成立。

图 2-33

66．移动 3 根火柴（3）

请你移动图 2-34 中的 3 根火柴，使等式成立。

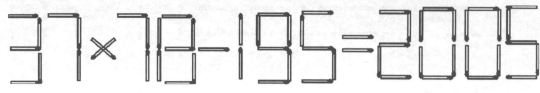

图 2-34

67. 移动 3 根火柴（4）

请你移动其中的 3 根火柴,使等式成立,见图 2-35。

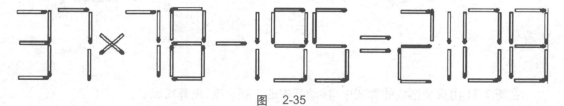

图 2-35

68. 使等式成立（1）

在图 2-36 由火柴摆成的算式中,移动其中的 2 根火柴,使等式成立。

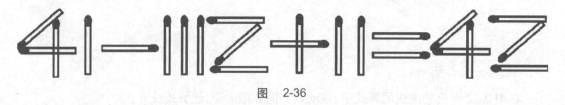

图 2-36

69. 使等式成立（2）

图 2-37 所示是一个不成立的算式,只许移动其中的 1 根火柴,使它成立,你知道怎么移动吗?

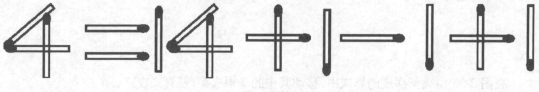

图 2-37

70. 动了哪一根

淘气的小明动了 1 根火柴,使原先成立的等式变成了图 2-38 所示的样子,你知道他动了哪一根吗?

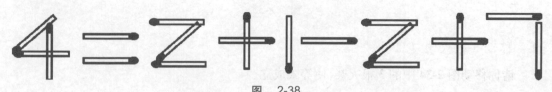

图 2-38

71. 等式如何成立

请你移动其中的 3 根火柴,使图 2-39 所示等式成立。

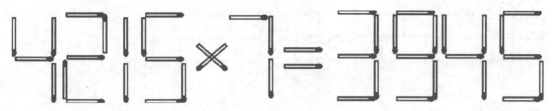

图　2-39

72. 如何相等

在图 2-40 由火柴摆成的算式中,移动其中的 1 根火柴,使等式成立。

图　2-40

73. 变成等式 (2)

在图 2-41 由火柴摆成的算式中,只移动其中的 1 根火柴,使算式变成等式。

图　2-41

74. 使等式成立 (3)

在图 2-42 由火柴摆成的算式中,只移动其中的 1 根火柴,使算式变成等式。

图　2-42

75. 移动 2 根火柴 (5)

在图 2-43 由火柴摆成的算式中,只移动其中的 2 根火柴,使算式变成等式。

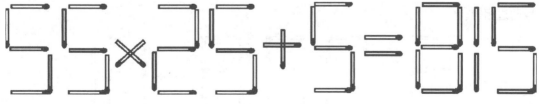

图　2-43

76. 移动 3 根火柴（5）

在图 2-44 由火柴摆成的算式中，请移动其中的 3 根火柴，使算式变成等式。

图 2-44

77. 成为等式

在图 2-45 由火柴摆成的算式中，只移动其中的 2 根火柴，使算式变成等式。

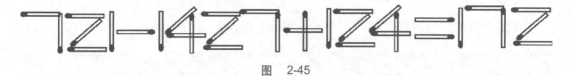

图 2-45

78. 加减混合

在图 2-46 由火柴摆成的算式中，请只移动其中的 1 根火柴，使等式成立。

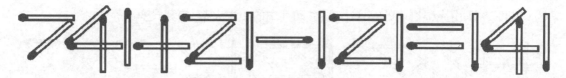

图 2-46

79. 移动 3 根火柴（6）

图 2-47 是个正确的等式，你能移动其中的 3 根火柴，使其成为一个新的等式吗？

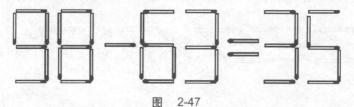

图 2-47

80. 移动火柴（4）

图 2-48 的算式是用火柴摆成的，显然等号两边不相等。请移动其中的 1 根火柴，使等号两边相等。

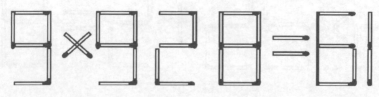

图 2-48

三、摆图形游戏

81. 12 根火柴

图 3-1 有 12 根火柴,请问如何摆可以让它们拼成的正方形数最多?

82. 直角个数

如图 3-2 所示,用 3 根火柴可以构成 8 个直角。请问想要构成 12 个直角,至少需要几根火柴? (火柴本身的直角不算)

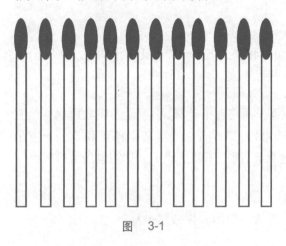

图　3-1

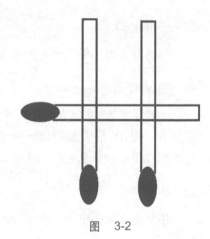

图　3-2

83. 14 根火柴

摆出图 3-3 所示的图形需要 14 根火柴。仍然用 14 根火柴摆出 4 个一样大小的正方形,请问还有其他的办法吗?

84. 4 个三角形

用 3 根火柴很容易摆一个等边三角形。现在有 6 根火柴,怎样才能摆成 4 个一样的等边三角形?

85. 多多益善

图 3-4 是用 9 根火柴拼成的 3 个等边三角形,请你移动火柴,看看最多能拼出几个等边三角形。

图　3-3

86. 摆图形游戏

用 8 根火柴可以摆成一个如图 3-5 所示的正方形。现添加 2 根火柴,即用 10 根火柴能摆出一个与这个正方形同样大小的图形。你知道怎么做吗?

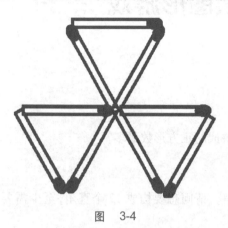

图 3-4

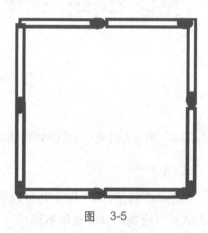

图 3-5

87. 8 根火柴

你能用 8 根火柴摆出 8 个大小一样的三角形和 2 个大小一样的正方形吗?

88. 完成任务

小猴子拿着 10 根火柴在院子里摆弄,小兔子问它在干什么,小猴说要完成妈妈交给它的任务:用 10 根火柴拼成一个含有 10 个三角形、2 个正方形、2 个梯形和 5 个长方形的图形。可小猴怎么也拼不出来,小兔子拿过火柴,两三下就拼成了。你知道怎么拼吗?

89. 5 个三角形

用 9 根火柴摆出一个图形,使它含有 5 个等边三角形。你会摆吗?

90. 摆图形

用 9 根火柴摆出一个图形,使它含有 3 个正方形和 7 个长方形（不算正方形）。

91. 摆等边三角形

用 13 根火柴摆成含有 6 个、7 个和 8 个等边三角形的图形,请分别给出一种摆法。

92. 大小相同（1）

如图 3-6 所示,用 16 根火柴可以摆出 4 个大小相同的正方形。请问如何分别用 15 根、14 根、13 根、12 根火柴摆成 4 个大小相同的正方形呢?

93. 摆火柴图形（1）

我们知道摆一个正方形需要 4 根火柴,所以摆 2 个独立的正方形需要 8 根火柴,见图 3-7。请用 7 根火柴摆出 2 个小正方形。

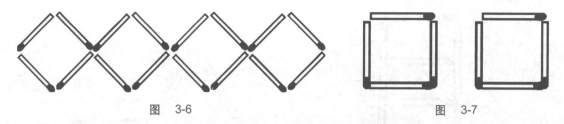

图　3-6　　　　　　　　　　　　　　　图　3-7

94．需要几根火柴

用火柴摆出一些我们学过的图形（三角形、正方形、长方形），数一数最少需要用多少根火柴？如果需要摆 2 个同样的图形，请确认最少需要多少根火柴。

95．九角星

图 3-8 的五角星是由 10 根火柴组成的，拿走其中的 1 根火柴，并将剩余的火柴重新摆放，使之成为一个九角星。你知道怎么做吗？

96．四变二

如图 3-9 所示，用 13 根火柴可以组成 4 个正方形。你能移走其中的 3 根火柴，然后在剩余的火柴中移动其中的 2 根火柴，使正方形的数量变为 2 吗？

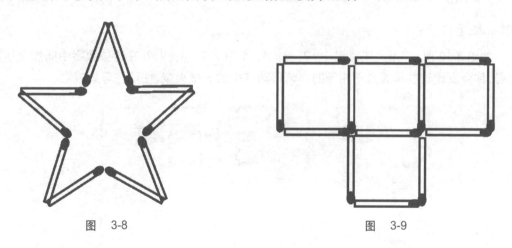

图　3-8　　　　　　　　　　　　图　3-9

97．相同的三角形

移走 1 根火柴并重新排列剩下的火柴，使图形变成 6 个完全相同的三角形，见图 3-10。

98．这可能吗

用 24 根火柴拼正方形，可以分别拼成 6 个、9 个、16 个、27 个，最多甚至可以拼成 50 个大小相等的正方形，你说可能吗？

99．数量加倍

用 13 根火柴可以摆成如图 3-11 所示的图形，其中有 3 个梯形，现在请你移动其中的 2 根火柴，使梯形的数量加倍。你知道怎么做吗？

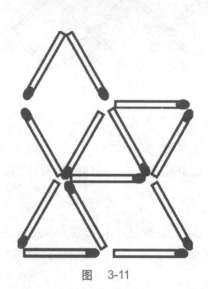

图 3-10   图 3-11

100．艰巨的任务

你能用 8 根火柴拼成 2 个正方形和 4 个三角形吗？

101．加运算符号

如图 3-12 所示，用火柴拼出 1、2、3、4、5、6、7、8、9，并在这些数字中间加上运算符号，你会发现这些算式是不相等的。请移动其中的 3 根火柴，使这些等式成立。

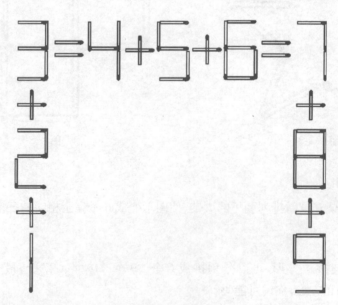

图 3-12

102．直角三角形

你能只用 6 根火柴摆出 12 个直角三角形吗？

103．解决疑难

如何用 9 根火柴组成 3 个正方形和 2 个三角形？

104．加运算符号

用 6 根火柴可以分别摆出一些加、减运算符号，请把这些符号放到图 3-13 中的合适位置，使最终的计算结果等于 100。

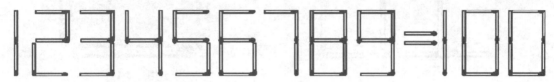

图 3-13

105．6 个三角形（1）

如图 3-14 所示，如果 1 根火柴长度为 1，那么拼成边长为 1 的小等边三角形需要 3 根火柴，拼 2 个边长为 1 的小三角形需要 5 根火柴。你能用 12 根火柴拼出 6 个边长为 1 的小等边三角形吗？

106．摆正方形（1）

如图 3-15 所示，用 12 根火柴可以摆出 3 个正方形。如果减少火柴数，即用 11 根火柴摆 3 个正方形，应该怎么摆？用 10 根火柴呢？

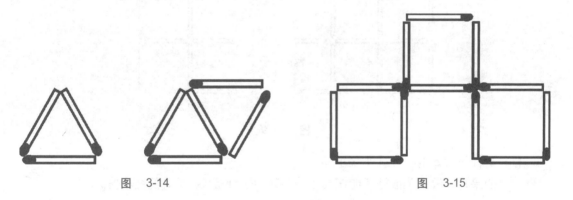

图 3-14   图 3-15

107．摆火柴图形（2）

用火柴摆成如图 3-16 所示的图形。

（1）拿去其中的 4 根火柴，使剩下的图形中只有 4 个正方形。

（2）在上面结果的基础上再移动 2 根火柴，使其变成 6 个正方形。

108．需要多少根火柴

如图 3-17 所示，摆个正方形需要 4 根火柴，而横排摆 2 个正方形可以共用 1 根火柴，也就是说用 7 根火柴即可。那么就这样一直摆下去，摆 n 个这样的正方形需要多少根火柴？

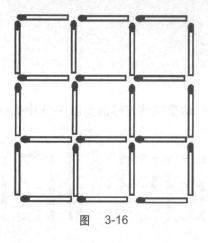
图 3-16

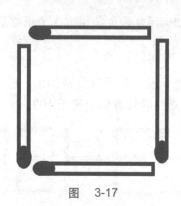
图 3-17

109. 摆正方形（2）

现有 a 根相同的火柴，如果按图 3-18 所示摆放时，恰好可以摆成 m 个正方形。

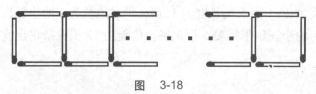
图 3-18

如果按图 3-19 所示摆放时，恰好可以摆成 $2n$ 个正方形。

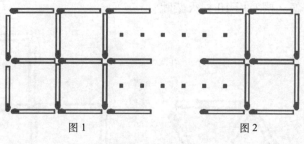
图1　　　　图2
图 3-19

（1）请你用含 n 的代数式来表示 m。

（2）如果这 a 根火柴恰好还能摆成如图 3-20 所示的形状，求 a 的最小值。

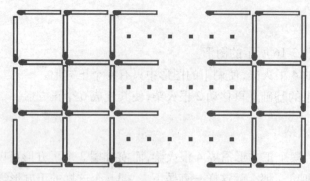
图 3-20

110．连接方式

游戏规则：将平面中的 2 个、3 个、4 个圆点用火柴相连,共有几种可能的连接方式?
限制条件只有 1 个：每根火柴的两端必须各有一个圆点。

当圆点数为 2 时,只有 1 种连接方式,如图 3-21 所示。

图　3-21

当圆点数为 3 时,有 2 种连接方式（图 3-22）。需要注意的是,在左边的构形中,两旁的
火柴都可以绕中间的圆点转动,从而产生各种不同的变形。按照拓扑学的观点,这些变形是
等价的。

那么当圆点数为 4 时,共有几种连接方式? 都是什么样子的? 找一些火柴试试吧。

图　3-22

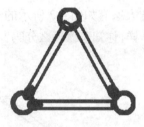

111．分 3 等份（1）

图 4-1 是由 12 根火柴拼成的直角三角形,三条边的长度分别是 3、4、5,你能用 4 根火柴把这个三角形分成面积相等的三部分吗？（不要求形状相同）

112．3 兄弟分家

一户人家有如图 4-2 所示的一块土地，3 个兄弟要平分它,分割后的三部分要求形状、大小都一样,你知道该怎么分吗?

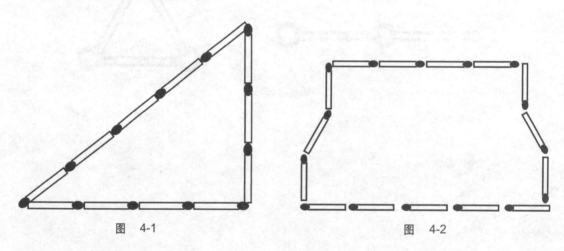

图　4-1　　　　　　　　　图　4-2

113．巧分 4 块

如图 4-3 所示的图形是用 24 根火柴摆成的,试一试,移动其中的 2 根火柴,使它变成 4 个形状相同、面积也一样的图形。

114．分地

一个财主家里有一块地,形状如图 4-4 所示。他有 3 个儿子,儿子长大后,财主决定把地分成三份给 3 个儿子。3 个儿子关系不和,要求每个人的地不仅面积一定要一样大,形状也得相同,该怎么分呢?

115．分院子

图 4-5 是个正方形的院子,中间的小正方形是间房子。现在请你加入 10 根火柴,把这个院子分成大小和形状相同的五部分,你知道怎么分吗?

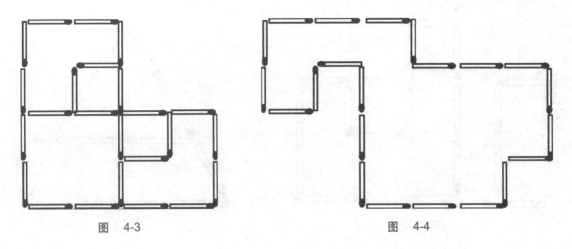

图 4-3　　　　　　　　　　　图 4-4

116．分 3 等份（2）

请把图 4-6 这个不规则的图形分成 3 份,使它们的大小和形状都完全相同,你知道该怎么分吗?

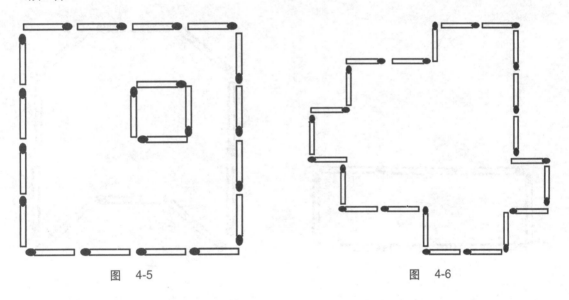

图 4-5　　　　　　　　　　　图 4-6

117．等比变换

图 4-7 中 2 个图形的面积比是 1∶3,现在移动其中的 6 根火柴,使每个图都变大,而且使它们的面积比依然是 1∶3,你知道该怎么移动吗?

118．比面积

用 2 根火柴将 9 根火柴所组成的正三角形分为两部分,请问①和②两个图形哪个面积比较大? 见图 4-8。

119．面积相等

移动 2 根火柴,并添加 2 根火柴,使新图形的面积与原图形的面积相等,见图 4-9。

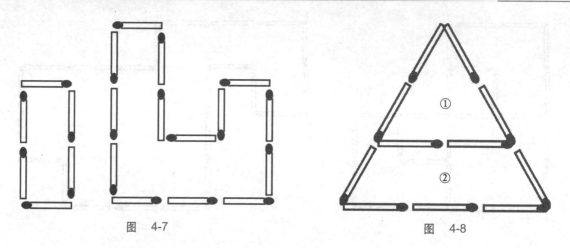

图 4-7   图 4-8

120．面积减少

用 10 根火柴拼成图 4-10 所示的图形，现在再给你 2 根火柴，并且移动图中的 1 根火柴，使它的面积减少 1/4，你做得到吗？

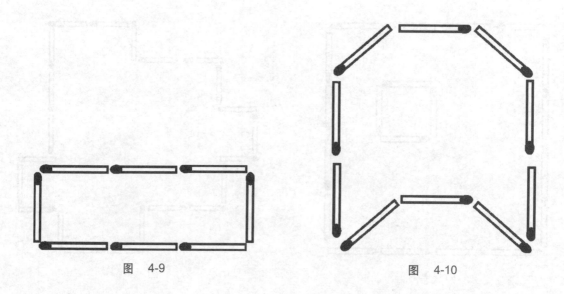

图 4-9   图 4-10

121．分菜地

兄弟 4 个平分一块如图 4-11 所示的菜地，要求每人分得的菜地大小相等，形状也要相同。现在给你 13 根火柴，请你帮他们解决这个难题吧。

122．分 3 等份（3）

图 4-12 是用 10 根火柴组成的图形，如何再用 5 根火柴将其分割成 3 等份？

123．面积相同

图 4-13 所示是用 5 根火柴拼成的等边梯形。请移动 5 根火柴中的 2 根，再加入 1 根，拼成与原来梯形面积相同的图形，你知道怎么做吗？

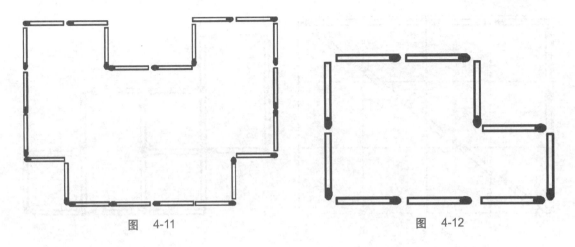

图 4-11   图 4-12

124．平分两部分

请在图 4-14 的图形中去掉 1 根火柴,使剩下的图形可以沿着火柴的位置平分成 2 个完全相同的图形。

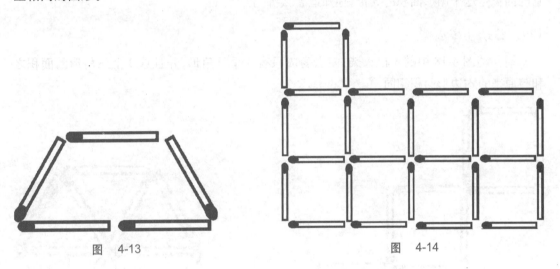

图 4-13   图 4-14

125．减少一半

图 4-15 有一个 4×3 的方格,用 12 根火柴可以把这个方格分成两部分,围起来的部分的面积正好占了整个面积的一半。现在请你移动其中的 4 根火柴,使火柴围成的面积再减少一半,你知道怎么移动吗?

126．面积最大

用 8 根火柴可以摆出很多种多边形,但是你知道哪种图形的面积最大吗?

127．相同的图形

在图 4-16 中,去掉 4 根火柴,使它变成 2 个完全相同的图形组合。

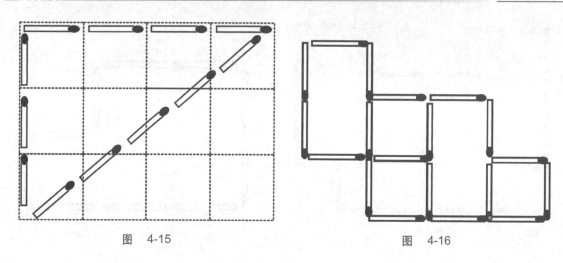

图 4-15　　　　　　　　　图 4-16

128．火柴游戏（3）

如图 4-17 所示，这是用 12 根火柴拼成的图形，现在请你再用 12 根火柴拼一个图形，使它的面积是这个图形面积的 3 倍，你知道怎么拼吗？

129．移动 4 根火柴

请移动图 4-18 中的 4 根火柴，使它变成只有 3 个三角形，并且这 3 个三角形的面积之和与原来的六边形面积相同。

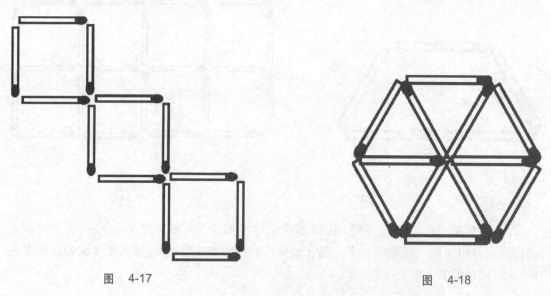

图　4-17　　　　　　　　　图　4-18

130．大小相同（2）

移动图 4-19 中的 4 根火柴，使图形变成 6 个大小相同的三角形。

131．3 个正方形

在图 4-20 所示的火柴摆成的图形中，请移动 3 根火柴，使图中只有 3 个大小相同的正方形。

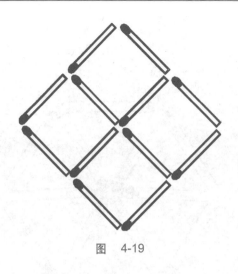

图 4-19

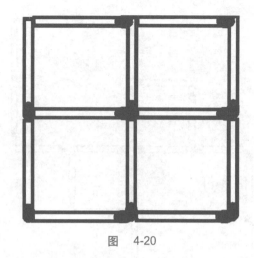

图 4-20

132. 大小相同（3）

如图 4-21 所示，用 12 根火柴可以排列成 6 个大小不一的三角形，你能只移动其中的 2 根火柴，将它变成 6 个大小相同的三角形吗？

133. 大小相同（4）

只移动 2 根火柴，你能使图 4-22 中出现 8 个与原来大小相同的正方形吗？

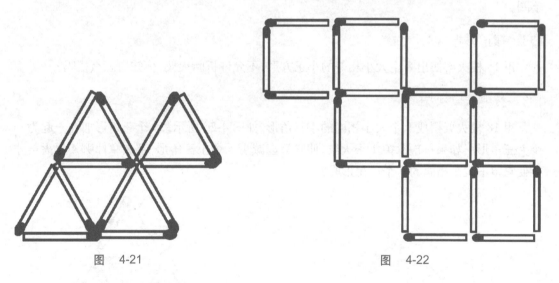

图 4-21

图 4-22

134. 形状相同

图 4-23 是由 20 根火柴拼成的 4 个正方形，现在要求你只移动其中的 4 根火柴，使它变成 3 个大小相等、形状相同的图形，你知道该怎么移动吗？

135. 六变三

图 4-24 是由 12 根火柴拼成的六边形，现在请你拿走其中的 4 根火柴，使它变成 3 个大小和形状都相同的三角形，你知道该怎么拿吗？

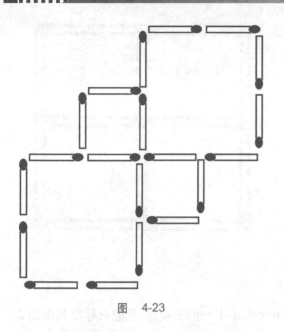

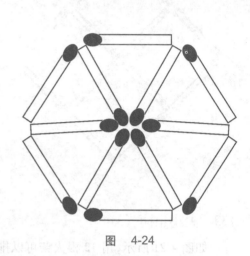

图 4-23   图 4-24

136．羊圈

下面的 13 根火柴代表 13 块栅栏，它们围成了如图 4-25 所示的 6 个羊圈。一天，栅栏坏掉了 1 块，请你想想办法，让剩下的 12 块栅栏也同样可以围出 6 个大小和形状相同的羊圈。

137．摆正方形（3）

用 15 根火柴摆出 8 个大小相等的小正方形，不允许折断火柴，你知道怎么摆吗？

138．按要求拿火柴

用 18 根火柴摆成 9 个大小相同的小三角形，如图 4-26 所示，9 个三角形加在一起为一个大三角形。如果每次拿掉 1 根火柴，使它只能减少 1 个小三角形，那么拿掉哪 4 根火柴才能使它留下大小相同的 5 个三角形呢？

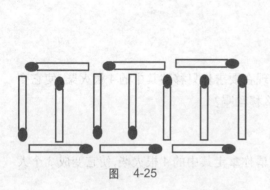

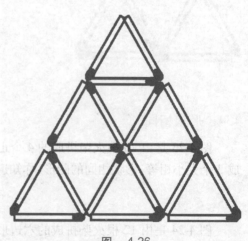

图 4-25   图 4-26

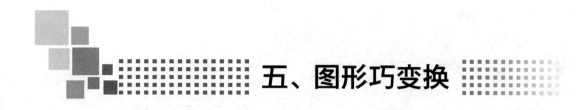

五、图形巧变换

139．二变三（1）

图 5-1 是由 24 根火柴组成的一大一小 2 个正方形，现在要求只移动其中的 4 根火柴，使 2 个正方形变成 3 个，你知道怎么移动吗？

140．变形

图 5-2 是由 16 根火柴组成的 5 个小正方形，现在要求你只移动其中的 3 根火柴，使它变成只有 4 个正方形，你知道怎么移动吗？

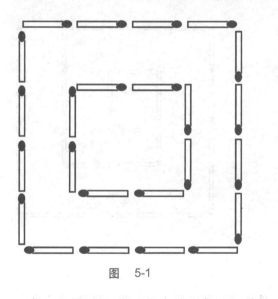

图 5-1

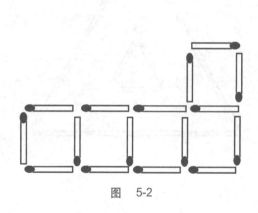

图 5-2

141．六角星

图 5-3 是由 18 根火柴组成的六角星，其中包含 8 个三角形。现在请你移动其中的 2 根火柴，使其仍然保持 8 个三角形，你知道该怎么做吗？

142．五变六

把图 5-4 中的 4 根火柴移动一下位置，使图中的 5 个正方形变成 6 个，你知道怎么移动吗？

143．变出 4 个三角形

图 5-5 是由 15 根火柴摆出的 2 个等边三角形。想一想，能移动其中的 3 根火柴，把它变成 4 个等边三角形吗？

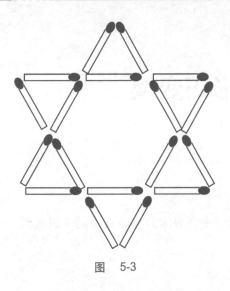

图 5-3

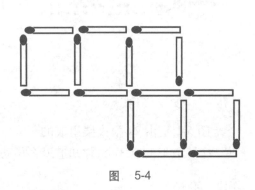

图 5-4

144．只有 3 个

在图 5-6 中移动 4 根火柴，使其成为只有 3 个正方形的图形。

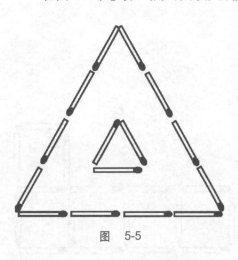

图 5-5

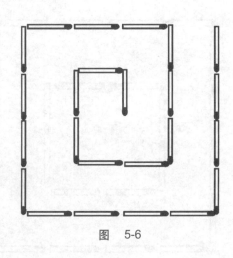

图 5-6

145．二变三（2）

图 5-7 是用 24 根火柴摆出的 2 个正方形。请你移动其中的 4 根火柴，把它变成 3 个正方形。

146．五变四

请移动图 5-8 中的 3 根火柴，使其变成 4 个正方形。

147．6 个三角形（2）

移动 2 根火柴，使图 5-9 变成 6 个三角形。

148．四角星

移动其中的 6 根火柴，使图 5-10 变成 3 个正方形和 1 个三角形。

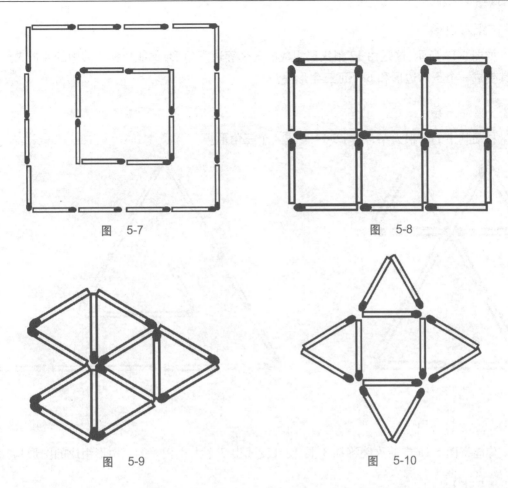

图　5-7　　　　　　　　　图　5-8

图　5-9　　　　　　　　　图　5-10

149．增加 2 个

（1）只移动其中的 2 根火柴，你能使图 5-11 的正方形数量增加 2 个吗？

（2）再移动其中的 1 根火柴，你能使其正方形的数量再增加 2 个吗？

150．10 个正方形

移动其中的 4 根火柴，使图 5-12 变成 10 个正方形。

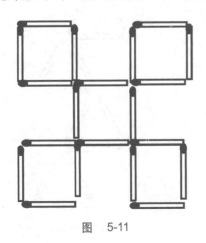

图　5-11

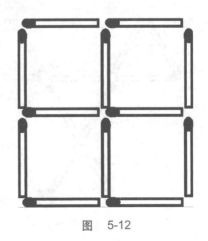

图　5-12

151. 正六边形

如图 5-13 所示,这是由 12 根火柴组成的 3 个等边三角形,你能只移动其中的 4 根火柴,使其变成一个正六边形和 6 个正三角形吗?

152. 螺旋三角

移动其中的 4 根火柴,使图 5-14 变成 4 个三角形。

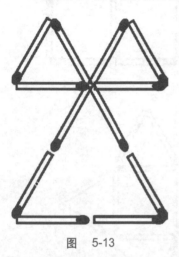

图 5-13

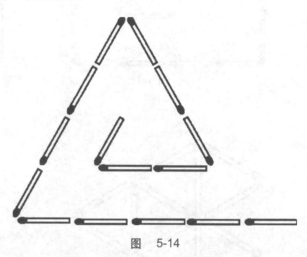

图 5-14

153. 五变七 (1)

你能将图 5-15 中的火柴移动 3 根,使其变成由 7 个大小相等的三角形组成的图形吗?

154. 五变七 (2)

你能将图 5-16 中的火柴移动 3 根,使其变成由 7 个大小相等的三角形组成的图形吗?

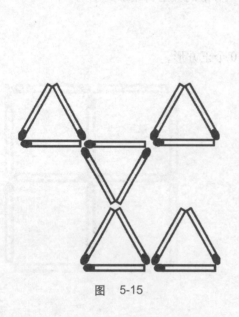

图 5-15

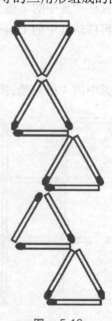

图 5-16

155．五变七（3）

你能将图 5-17 中的火柴移动 3 根，使其变成由 7 个大小相等的三角形组成的图形吗？

156．3 个正方形

移动其中的 3 根火柴，生成 3 个正方形，你会做吗？见图 5-18。

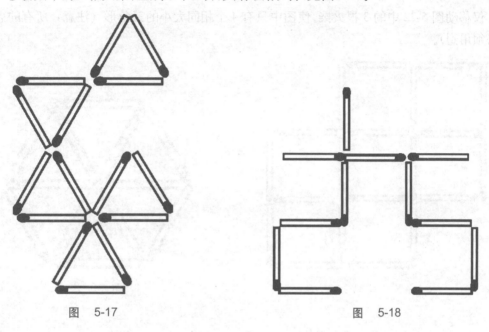

图　5-17　　　　　　　　　　　图　5-18

157．三角形数量

移动图 5-19 中的 4 根火柴，把正三角形分别变成 5 个、7 个、9 个，你试试看吧。

158．怎么移动

如图 5-20 所示，这是一个用 15 根火柴拼成的图案，如何移动其中的 4 根火柴，使这个图案变成 2 个大小不一样的正方形？

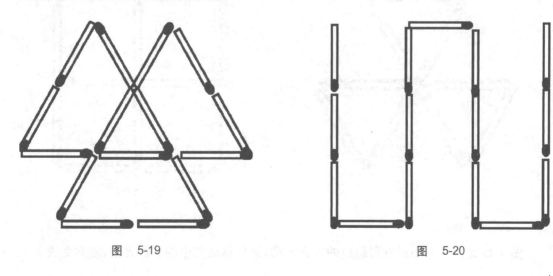

图　5-19　　　　　　　　　　　图　5-20

159．30 个正方形

图 5-21 中有 20 根火柴，摆成了 2 个大正方形和 7 个小正方形。现在请你移动其中的 8 根火柴，使图形变成 30 个正方形，你能做到吗？

160．3 根火柴

仅移动图 5-22 中的 3 根火柴，使图中只有 4 个相同大小的三角形（注意：所有的火柴都必须用到）。

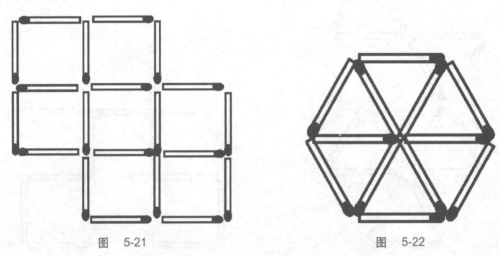

图　5-21　　　　　　　　　　　图　5-22

161．三变五

请你只移动其中的 3 根火柴，把图 5-23 中的 3 个三角形变成 5 个三角形。

162．5 个正方形

如图 5-24 所示，用 12 根火柴可以摆成 5 个正方形，那么如何只移动其中的 1 根火柴，使其变成 6 个正方形呢？

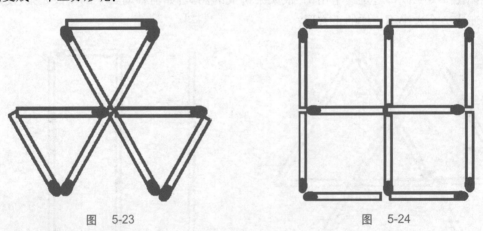

图　5-23　　　　　　　　　　　图　5-24

163．怎样移动

图 5-25 是由 4 个小正方形组成的大正方形，请你移动其中的 3 根火柴，使它变成 3 个

相等的正方形,应该怎样移动呢?

164．三角形变换

在图 5-26 中如何只移动其中的 3 根火柴,得到 10 个三角形、3 个菱形呢?

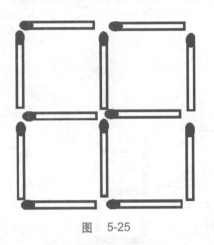

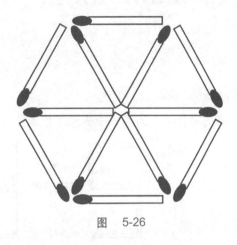

图　5-25　　　　　　　　图　5-26

165．7 个正方形

图 5-27 是由 12 根火柴组成的 3 个正方形,你能移动其中的 3 根火柴,使图中出现 7 个正方形吗?

166．回字图

图 5-28 是由火柴拼成的"回"字形图案,请你移动其中的 4 根火柴,使图形变成两个完全一样的正方形。

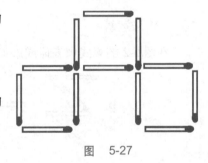

图　5-27

167．只剩 5 个正方形

图 5-29 是由 20 根火柴摆成的 9 个大小不同的正方形。请你移动其中的 3 根火柴并放在适当的位置,使图中只有 5 个正方形(不存在多余的火柴)。

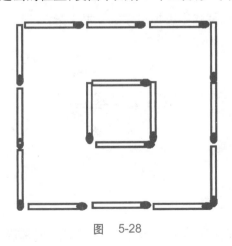

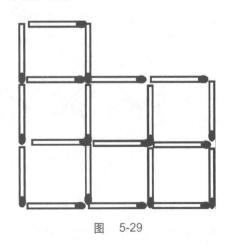

图　5-28　　　　　　　　图　5-29

168. 去除一根

请你在图 6-1 的算式中去除 1 根火柴,使等式成立。

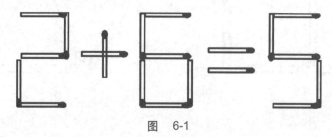

图 6-1

169. 减法运算

在图 6-2 的算式中去掉或添加 1 根火柴,使等式变正确。

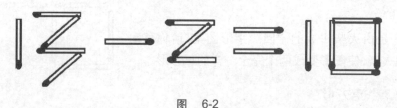

图 6-2

170. 错误的算式（1）

图 6-3 中用火柴摆成的算式是错误的,请你在算式中去掉或添加 1 根火柴,使其成立,你知道怎么做吗?

图 6-3

171. 错误的算式（2）

图 6-4 中用火柴摆成的算式是错误的,请你在算式中去掉或添加 1 根火柴,使其成立,你知道怎么做吗?

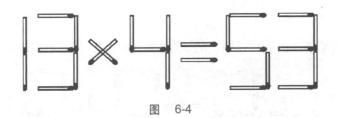

图 6-4

172．改算式

在图 6-5 由火柴摆成的算式中,添上或去掉 1 根火柴,使算式成立。

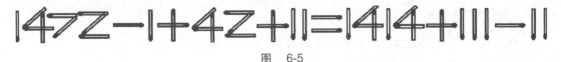

图 6-5

173．错误的等式

图 6-6 中用火柴摆成的算式是错误的,请在算式中去掉或添加 1 根火柴,使等式成立。

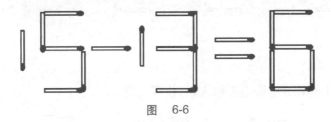

图 6-6

174．简单乘法

在图 6-7 由火柴摆成的算式中,添上 1 根火柴,使等式成立。

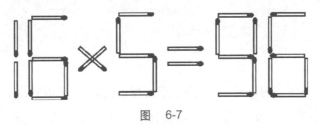

图 6-7

175．等式

图 6-8 中用火柴摆成的算式是错误的,请在算式中去掉或添加 1 根火柴,使等式成立。

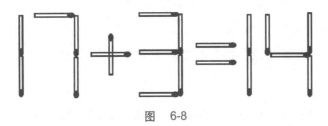

图 6-8

176．添加一根火柴

图 6-9 中用火柴摆成的算式是错误的,请添加 1 根火柴,使它们变成正确的算式。

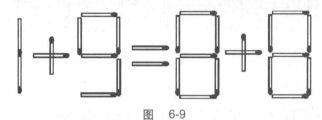

图 6-9

177．添上还是去掉（1）

在图 6-10 的算式里添上或者去掉 1 根火柴,使等式成立。

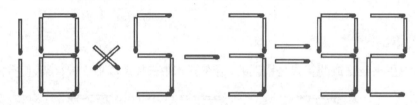

图 6-10

178．添上 1 根火柴

请你在图 6-11 的算式中添上 1 根火柴,使等式成立。

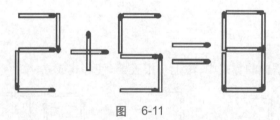

图 6-11

179．等式成立

图 6-12 是由火柴摆成的算式,请你添上或去掉 1 根火柴,使算式成立。

图 6-12

180．正确的算式

在图 6-13 的算式中添上或拿走 1 根火柴,使算式变成正确的算式。

181．减法成立

在图 6-14 的算式中添上或拿走 1 根火柴,使其变成正确的算式。

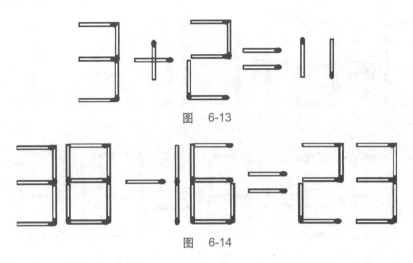

图 6-13

图 6-14

182．火柴游戏

请在图 6-15 由火柴摆成的算式中添上或去掉 1 根火柴,使等式成立。

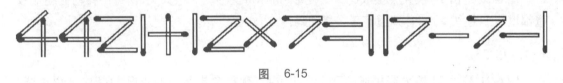

图 6-15

183．乘法运算

请在图 6-16 的算式里添上或者去掉 1 根火柴,使等式成立。

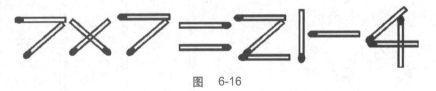

图 6-16

184．等式如何成立

请在图 6-17 由火柴摆成的算式中添上或去掉 1 根火柴,使等式成立。

图 6-17

185．添上还是去掉（2）

请在图 6-18 的算式里添上或者去掉 1 根火柴,使等式成立。

186．去掉 3 根

请在图 6-19 的算式里去掉 3 根火柴,使等式成立。

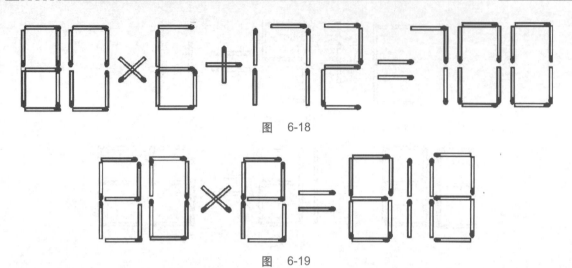

图　6-18

图　6-19

187．增加菱形

图 6-20 是由 16 根火柴摆成的 3 个菱形,请你每次移动 2 根火柴,使每次移动完菱形数量都增加 1,连续 5 次,你知道该怎么移动吗?

188．九变五

图 6-21 是由 24 根火柴拼成的 9 个小正方形,现在拿走其中的 4 根、6 根、8 根火柴,使最后都能得到 5 个小正方形,你知道怎么拿吗?

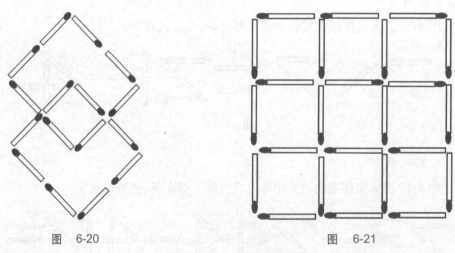

图　6-20　　　　　　　　　　图　6-21

189．正六边形

图 6-22 是一个用 12 根火柴组成的正六边形,请你再添加 18 根火柴,使正六边形的数量变为 7 个,你知道怎么做吗?

190．长方形变正方形

用 6 根火柴可以围成如图 6-23 的长方形,你能再添加 3 根火柴,使其变成 3 个正方形吗?

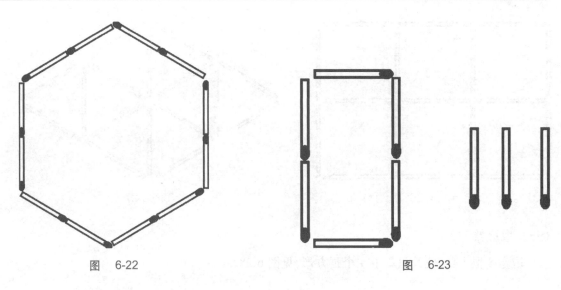

图 6-22   图 6-23

191．8 根火柴

图 6-24 是由 8 根火柴组成的 14 个正方形,请拿走其中的 2 根火柴,使正方形的数量变成 3 个,你知道怎么做吗?

192．六角星

图 6-25 是由 18 根火柴组成的六角星,其中包含 8 个三角形,现在请你拿走其中的 2 根火柴,使其变成只有 6 个三角形,你知道该怎么做吗?

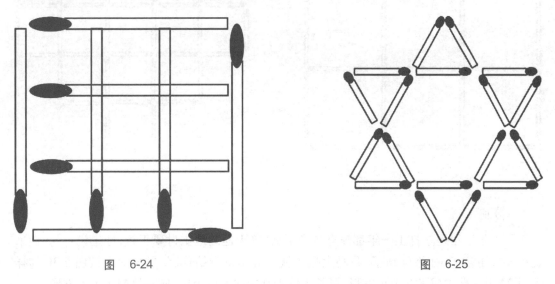

图   6-24   图   6-25

193．取火柴（1）

在图 6-26 中取走 3 根火柴,使其只剩下 4 个相同的正方形。

194．取火柴（2）

在图 6-27 中取走 4 根火柴,使其只剩下 4 个正三角形。

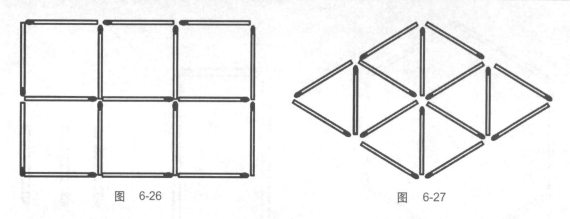

图 6-26   图 6-27

195. 取火柴（3）

取走 8 根火柴，使其只剩下 4 个正方形，见图 6-28。

196. 只剩 8 个

请从图 6-29 中移走 4 根火柴，使其只剩下 8 个大小相等的小正方形。

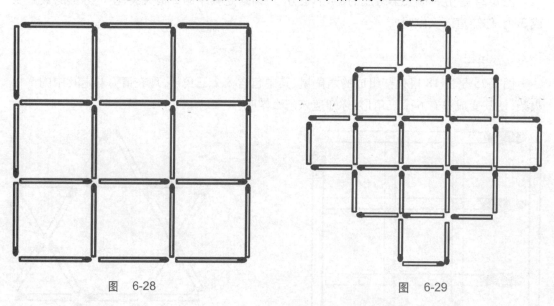

图 6-28   图 6-29

197. 得到工钱

长工张三给地主打工一年都没有拿到工钱，这天他向地主讨要工钱，地主说："我们来玩火柴棍游戏吧，如果你赢了，我马上把工钱一分不少全给你。"只见地主按图 6-30 的样子用 24 根火柴围成了 9 个正方形，要长工移走其中的 8 根火柴，使其只剩 3 个正方形。

你能帮助长工解出这道题，使他得到工钱吗？

198. 3 个三角形

请在图 6-31 中去掉 3 根火柴，使三角形的数量只剩 3 个，你知道该怎样做吗？

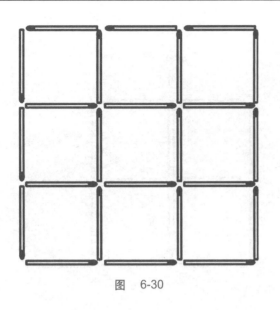

图 6-30

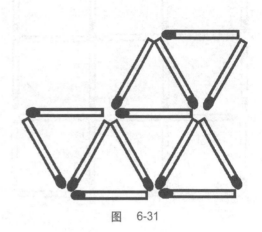

图 6-31

199．只剩两个

请你移去 2 根火柴,使图 6-32 中只剩下 2 个正方形,你知道怎么移动吗?

200．拿掉火柴（1）

用 24 根火柴能组成图 6-33 所示的图形,请拿掉 8 根火柴,使其只留下 2 个正方形。

图 6-32

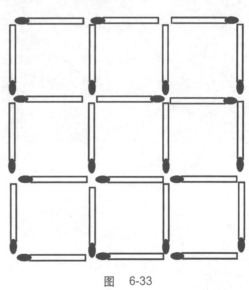

图 6-33

201．拿掉火柴（2）

用 24 根火柴能组成图 6-34 所示的图形,请拿掉 6 根火柴,使其只留下 3 个正方形。

202．拿掉火柴（3）

从图 6-35 中拿掉 3 根火柴,使它变成 3 个正方形,请问怎样拿?

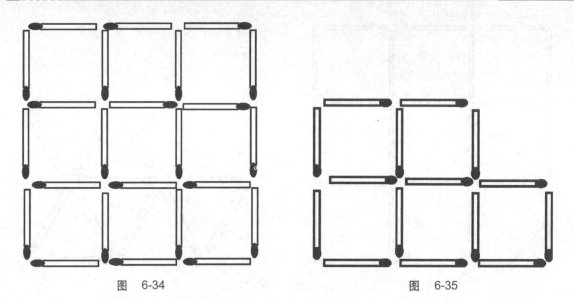

图 6-34　　　　　　　　　　　　图 6-35

七、火柴拼文字等

203. 变省份名

在图 7-1 用火柴拼成的图形中,移动其中的 3 根火柴,使它变成一个两个字的省份名,你知道怎么移动吗?

204. 另一个字

请你在图 7-2 的图形中添加 2 根火柴,使其成为另一个字。

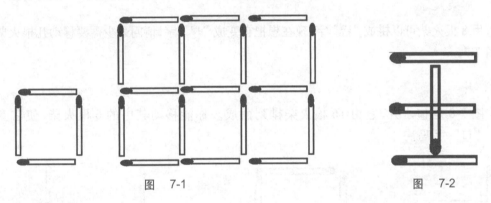

图 7-1　　　　　　　　　　　　　图 7-2

205. 拼汉字

想象一下,5 根横排的火柴和 3 根竖排的火柴能拼成哪几个汉字?见图 7-3。

206. 奇妙的汉字（1）

请你在图 7-4 的"田"字上加上 1 根火柴,使其变成另一个字。

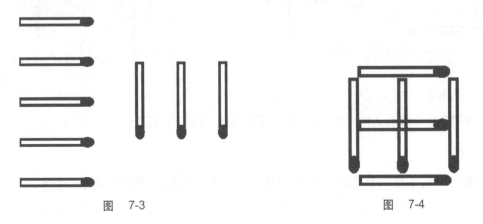

图 7-3　　　　　　　　　　　　　图 7-4

207. 奇妙的汉字（2）

请你在图 7-5 的"田"字上去掉 1 根火柴,使其变成另一个字。

208. 奇妙的汉字（3）

请你在图 7-6 的"田"字上移动 1 根火柴,使其变成另一个字。

图 7-5   图 7-6

209. 火柴文字

用 8 根火柴可以拼成"旨"字,现在想把它变成"旱"字,请问最少需要移动几根火柴?见图 7-7。

210. 井

图 7-8 是口水井,它由 16 根火柴排列而成。你能移动其中的 6 根火柴,使它变成 2 个"口"字吗?

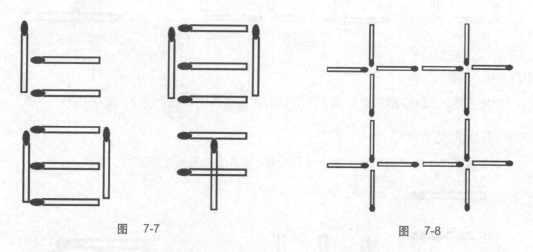

图 7-7   图 7-8

211. 变品字

在图 7-9 中移动 3 根火柴,使"井"字形变成"品"字形。

212. 变字（1）

图 7-10 所示是一个"中"字,请你移动其中的 1 根火柴,使其变成另一个字。

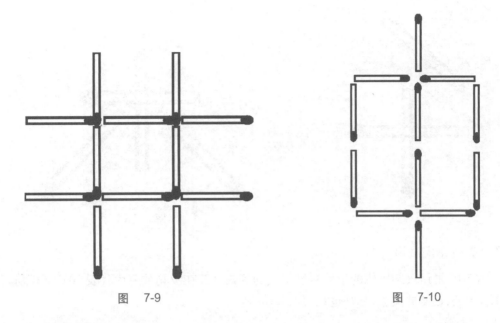

图 7-9   图 7-10

213．变字（2）

图 7-11 所示是一个"中"字,请你移动其中的 2 根火柴,使其变成另一个字。

214．变字（3）

图 7-12 所示是一个"中"字,请你添加 1 根火柴,使其变成另一个字。

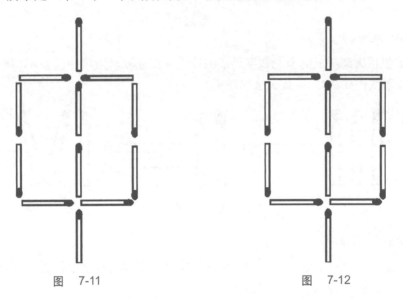

图 7-11   图 7-12

215．变字（4）

移动图 7-13 中的 1 根火柴,使它变成另外一个字,你知道怎么移动吗?

216．变字（5）

移动图 7-14 中的 1 根火柴,使它变成另外一个字,你知道怎么移动吗?

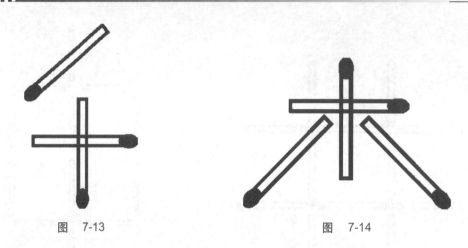

图 7-13　　　　　　　　　　　图 7-14

217．罗马等式（1）

图 7-15 是用火柴拼成的罗马数字组成的等式（X 在罗马数字中代表 10），请移动其中的 1 根火柴，使等式成立，你知道该怎么移动吗？

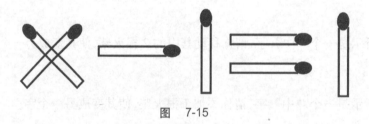

图 7-15

218．罗马等式（2）

图 7-16 是用火柴拼成的罗马数字组成的等式（Ⅳ在罗马数字中代表 4），请移动其中的 1 根火柴，使等式成立，你知道该怎么移动吗？

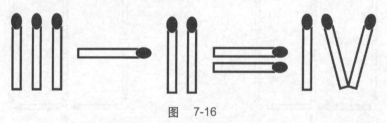

图 7-16

219．罗马等式（3）

图 7-17 是用火柴拼成的罗马数字组成的等式（Ⅶ在罗马数字中代表 7），请移动其中的 2 根火柴，使等式成立，你知道该怎么移动吗？

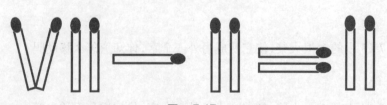

图 7-17

220．罗马等式（4）

图 7-18 中的罗马等式不成立,你只能移动其中的 1 根火柴,就要使等式成立,你知道怎么移动吗?

图 7-18

221．罗马等式（5）

图 7-19 中的罗马等式不成立,你只能移动其中的 1 根火柴,就要使等式成立,你知道怎么移动吗?

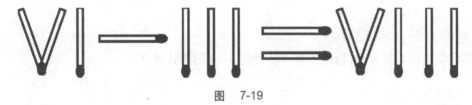

图 7-19

222．罗马等式（6）

图 7-20 中的算式是用火柴摆成的罗马数字算式,但不正确,请你移动其中的 1 根火柴使等式成立。

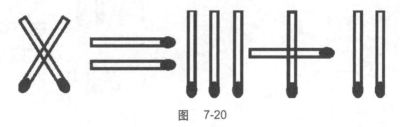

图 7-20

223．罗马等式（7）

图 7-21 中的算式是用火柴摆成的罗马数字算式,请你移动其中的 1 根火柴使等式成立。

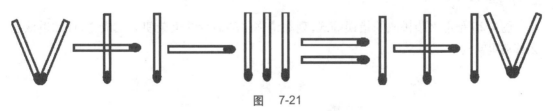

图 7-21

224．罗马等式（8）

图 7-22 中的罗马算式显然是不成立的（10−2=2）,现在请移动其中的 1 根火柴使等式

成立,你知道该如何移动火柴吗?

225.罗马等式（9）

要求只移动 1 根火柴使图 7-23 所示等式成立,你知道用什么方法移动吗?

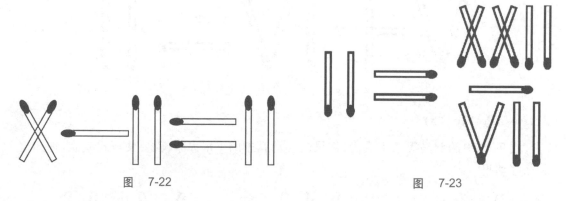

图　7-22　　　　　　　图　7-23

226.不准移动

不准移走或添加火柴,请问怎样才能使图 7-24 的等式成立?

227.三种方法

只移动 1 根火柴,使图 7-25 的等式成立,请试着找出 3 种不同的方法。

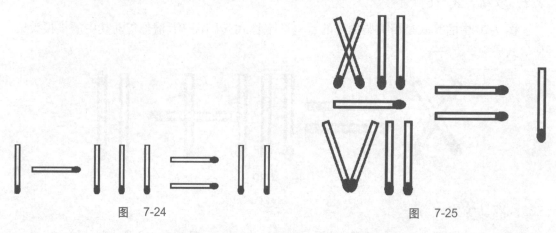

图　7-24　　　　　　　图　7-25

228. 1−3=2 ?

图 7-26 是用火柴拼成的错误等式,现在请你移动最少的火柴使等式成立,你知道该怎么移动吗?

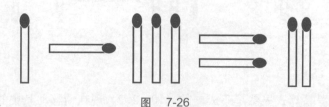

图　7-26

229. 怎么摆

用 3 根火柴摆个大于 3 小于 4 的数,应该怎么摆?

230. 移动火柴

请移动图 7-27 中的 2 根火柴,使不等式成立,你知道该怎么移动吗?

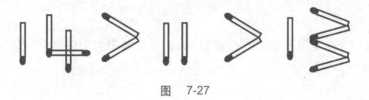

图 7-27

231. 摆菱形

请用 8 根火柴摆成 2 个并排的菱形,然后移动 2 根火柴使图形变成菱形,你知道该怎么做吗?

232. 奇怪的等式

图 7-28 是由 14 根火柴摆成的式子（1－701＝2）,你能只移动 1 根火柴使等式成立吗?

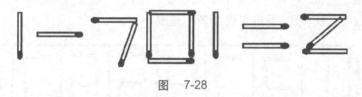

图 7-28

233. 火柴游戏

请你移走图 7-29 中的 3 根火柴,使剩下的部分等于 3,你知道怎么做吗?

234. 字母变小

加 1 根火柴使图 7-30 的字母变小,你知道怎么做吗?

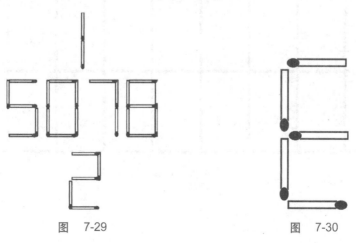

图 7-29   图 7-30

235．是"热"还是"冷"

图 7-31 中是 2 个正方形，移动其中的 2 根火柴，这 2 个正方形会变"热"还是变"冷"呢？

236．六变九

图 7-32 中有 6 根并排放置的火柴，现在再加上 5 根，你能把它变成 9 吗？

237．十变二

图 7-33 是一个由 8 根火柴组成的数字 10，请移动其中的 1 根火柴，把它变成数字 2，你知道怎么做吗？

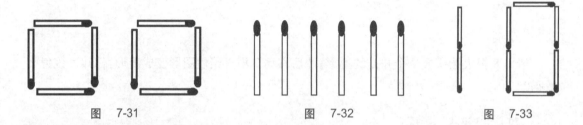

图　7-31　　　　　　图　7-32　　　　　　图　7-33

238．数字变换

请开动大脑想一想，对 0 ~ 9 这十个数字分别添加 1 根、去掉 1 根和移动 1 根火柴，可以变化成哪些数字？比一比，看谁想得最多！见图 7-34。

	0	1	2	3	4	5	6	7	8	9
添加一根火柴										
去掉一根火柴										
移动一根火柴										

图　7-34

八、火柴小魔术

239．翻身

请把图 8-1 中用火柴摆成的图形从上到下以水平线为轴翻转过来,你知道结果应该是 A、B、C、D 中的哪个吗?

240．火柴悬空

在桌子上倒扣两个玻璃杯,然后中间夹住 1 根火柴,见图 8-2。现在你只能用桌上的另 1 根火柴,使拿去 1 个玻璃杯以后,中间的那根火柴依然可以悬空保持当前的位置吗?

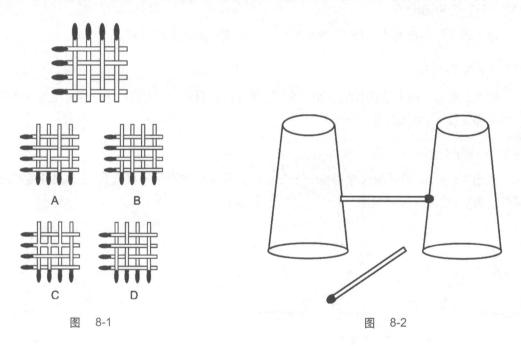

图 8-1

图 8-2

241．搭桥

图 8-3 是一座小岛,外面被水包围,你能用 2 根火柴摆出一座小桥,使小岛与外界相连吗?

242．调转火柴

取 9 根火柴,将其排成一行,其中只有 1 根头朝上,见图 8-4。现要求每次任意调动 7 根,到第 4 次时所有的火柴头都要朝上。试试看,你能做到吗?

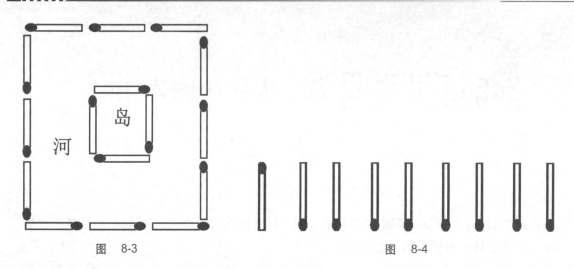

图 8-3

图 8-4

243．摆数字

用 3 根火柴摆成一个最小的数（不能把火柴折断或弯曲），这个数是多少？

244．8 个三角形

用 2 根火柴拼出 8 个三角形，你能做到吗？要求不能把火柴折断。

245．消失的三角形

图 8-5 是由 9 根火柴拼成的 3 个三角形，现在请你只移动其中的 2 根火柴，使这 3 个三角形全都变没了，你知道怎么做吗？

246．相同的三角形

如图 8-6 所示，用 3 根火柴拼成一个三角形。现在要求再用 1 根火柴，拼成 2 个完全相同的三角形，请问应如何做呢？

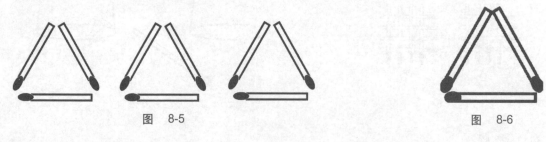

图 8-5

图 8-6

247．变成六角形

用 6 根火柴摆成一个如图 8-7 所示的三角形，要把这个三角形变成六角形，至少需要移动几根火柴？应该怎样移动？

248．摆正方形

图 8-8 是由 4 根火柴摆成的一个十字形，现在请你移动最少的火柴，使它变成 1 个正方形。

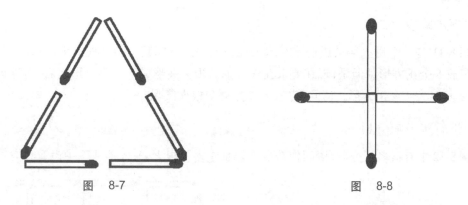

图 8-7   图 8-8

249. 逻辑关系

找出图 8-9 中如此排列的逻辑关系。请问图中的问号代表什么字母？

250. 猜单双

周末的晚上,爸爸陪小明玩猜单双的游戏。爸爸先交给小明 5 根火柴,让他藏在背后,分成 2 只手拿着。然后爸爸要求小明把左手的火柴数乘以 2,右手的火柴数乘以 3,再把 2 个积相加。小明算出的结果为 14,爸爸马上猜出小明左手拿的火柴数是单数,右手拿的火柴数是双数,你知道爸爸是怎么猜出来的吗?

251. 逐步减少（1）

图 8-10 是用 12 根火柴拼成的 6 个正三角形。请你移动其中的 2 根火柴,使其变成 5 个正三角形;再移动 2 根,变成 4 个……照此方法,怎样才能将正三角形的数量变为 2 个?

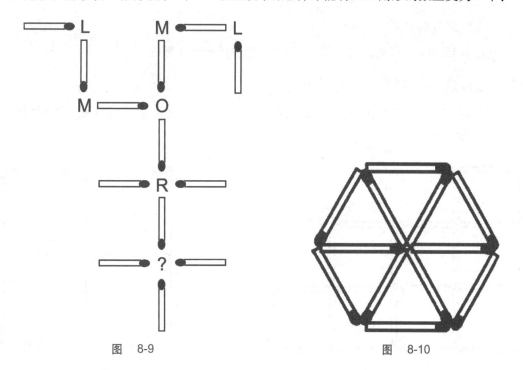

图 8-9   图 8-10

252. 逐步减少（2）

图 8-11 是一个用火柴摆成的汽车（6 个正方形）。拿掉其中的 2 根火柴，可以很轻松地使其变成 5 个正方形。但是，现在要求在先拿掉 2 根火柴形成 5 个正方形之后，再移动另外 2 根，使其成为 4 个正方形。请问，应该先拿掉哪 2 根火柴呢？

253. 没有正方形（1）

图 8-12 中有很多正方形，请问你至少需要拿走多少根火柴，才能让图中没有正方形呢？

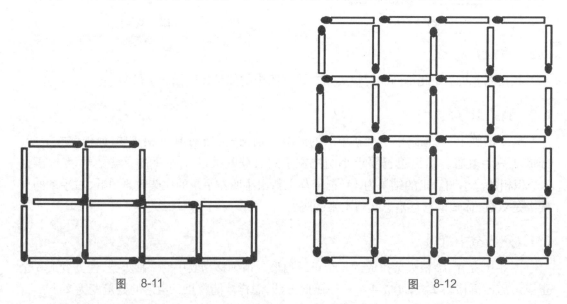

图　8-11　　　　　　　　　　　　　　图　8-12

254. 没有正方形（2）

在图 8-13 中去掉尽量少的火柴，使图中不存在任何正方形。

255. 没有正方形（3）

图 8-14 是一个用 12 根火柴组成的图形，最少要拿走几根火柴，才能使余下的图案中不包含正方形？

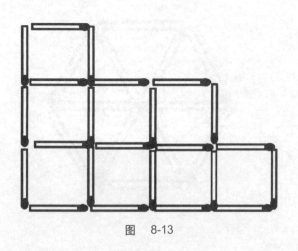

图　8-13

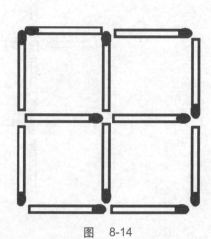

图　8-14

256．没有正方形（4）

图 8-15 是一个用 22 根火柴组成的图形,最少要去掉几根火柴,才能使余下的图案中不包含正方形?

257．没有正方形（5）

请你在图 8-16 中去掉 4 根火柴,使图中没有正方形。

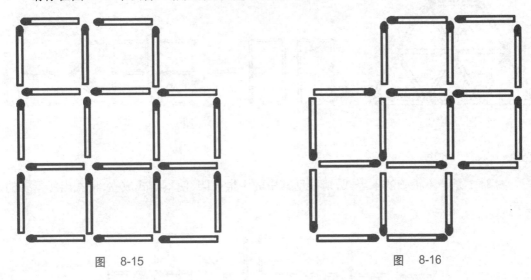

图　8-15　　　　　　　　　图　8-16

258．没有三角形（1）

图 8-17 是由火柴组成的图形,最少要从中拿走几根火柴,才能使余下的图案中没有三角形呢?

259．没有三角形（2）

图 8-18 是用火柴组成的图形,最少要从中拿走几根火柴,才能使余下的图案中没有三角形呢?

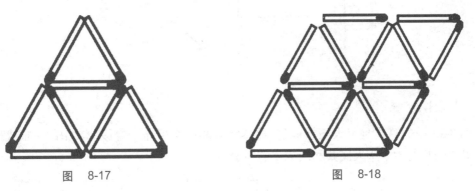

图　8-17　　　　　　　　　图　8-18

260．没有三角形（3）

图 8-19 中共有 13 个三角形,请你拿掉尽量少的火柴,使图中没有三角形,请问需要拿掉几根火柴呢?

261．不同的移法（1）

图 8-20 是个不正确的不等式，请移动其中的 1 根火柴，使不等式成立，请找到尽可能多的移动方法。

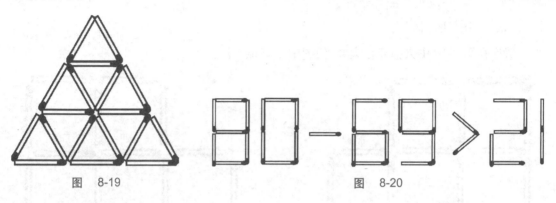

图 8-19   图 8-20

262．不同的移法（2）

图 8-21 是个不正确的不等式，请移动其中的 1 根火柴，使不等式成立，请找出尽量多的移法。

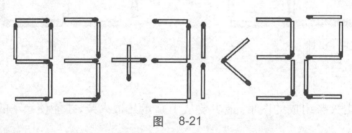

图 8-21

263．不等式反向

图 8-22 中的不等式是正确的，请移动其中的 2 根火柴，使下面的不等式反向，且依然正确。

图 8-22

264．火柴摆年份

图 8-23 中的算式是用火柴摆成的，显然等号两边不相等。请移动其中的 2 根火柴，使这个算式的和变为中华人民共和国成立的年份。

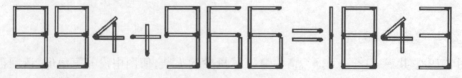

图 8-23

265．8 个 1

试一试,最少移动几根火柴,才能使图 8-24 中的等式成立。

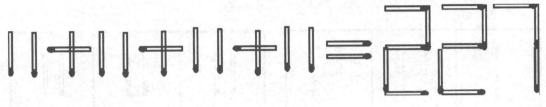

图 8-24

266．最少的移法

图 8-25 中的等式两边并不相等,请移动最少的火柴,使它变成正确的等式。

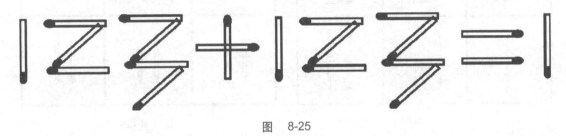

图 8-25

267．数学式子

图 8-26 中的等式两边并不相等,请移动最少的火柴,使它变成正确的等式。

268．都成立

请你只移动 1 根火柴,使图 8-27 中的等式都成立。

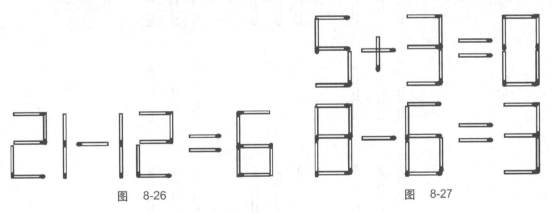

图 8-26

图 8-27

269．九宫格

请你移动图 8-28 中的 1 根火柴,使每一横行和竖行里的数字相加的和都相等。

270. 怎么排列

在图 8-29 所示的方格内加上 1 根火柴, 并重新排列, 使每边 3 个格子内的火柴数之和仍然是 6, 请问应怎么排列?

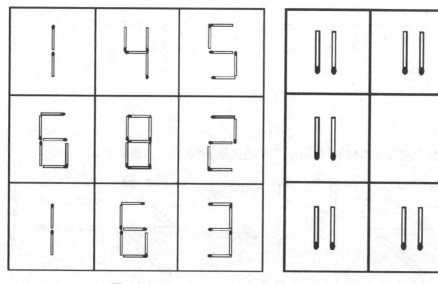

图 8-28   图 8-29

271. 都等于 9

在图 8-30 中, 我们可以看到有 24 根火柴, 且第 1、3 两行和第 1、3 两列的火柴数目都等于 9。现在要拿掉 4 根火柴, 你能让它仍然满足这个条件吗? (用两种方法)

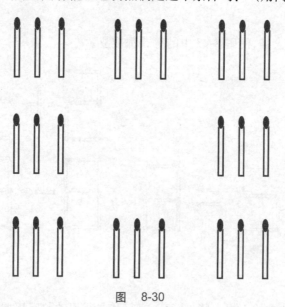

图 8-30

答　案

一、火柴变形状

1. 颠倒椅子

如图 A-1 移动即可。

2. 搬桌子

至少移动 3 根火柴,如图 A-2 所示。

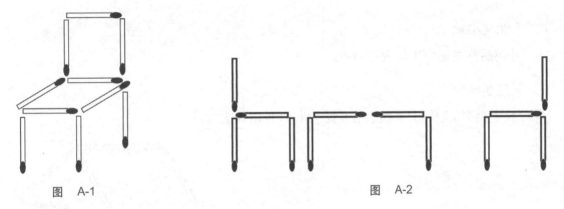

图　A-1   图　A-2

3. 蘑菇繁殖

方法如图 A-3 所示。

4. 小伞

图 A-4 中一共有 7 根火柴,要拼出 3 个三角形,即需要有 9 条边,那就必须有 2 条边要重叠。

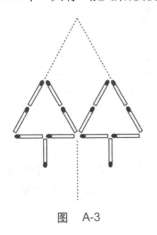

图　A-3

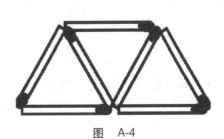

图　A-4

5．平面变立体

方法如图 A-5 (a) 所示。

稍微旋转一下,看起来就更加立体了,见图 A-5 (b)。

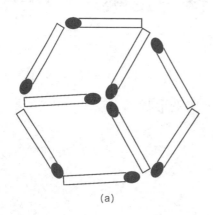 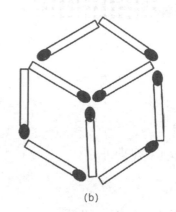

(a)   (b)

图　A-5

6．小鸭变小鸡

小鸡的英文是 COCK,见图 A-6。

7．平房变楼房

不需要移动火柴,只要换个角度观察即可,见图 A-7。

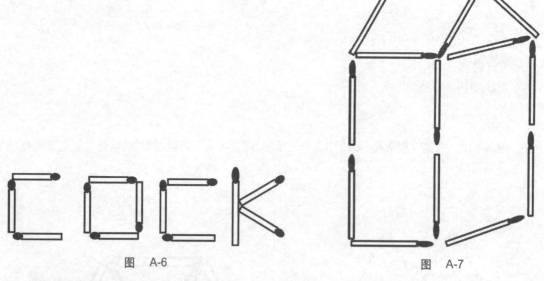

图　A-6   图　A-7

8．变换方向

如图 A-8 所示,除虚线表示的 2 根火柴外,其余火柴组成的图形是左右对称的,所以改变房子的方向与这些火柴无关。因此,应移动虚线表示的 2 根火柴,即可掉转方向。

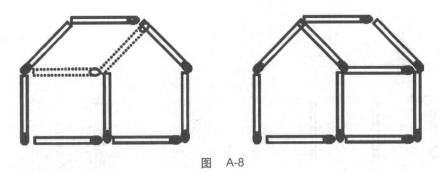

图　A-8

9. 旗子变房子

方法如图 A-9 (a) 所示。

再逆时针旋转 90° 即可, 见图 A-9 (b)。

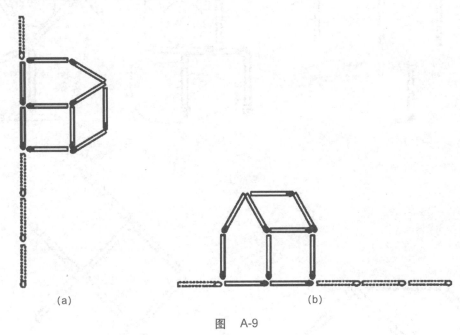

(a) 　　　　　　　　　　　(b)

图　A-9

10. 白塔倒影

方法如图 A-10 所示。

11. 倒转酒杯

方法如图 A-11 所示。

12. 酒杯

方法如图 A-12 所示。

13. 反方向（1）

如图 A-13 所示, 移动 3 根火柴。

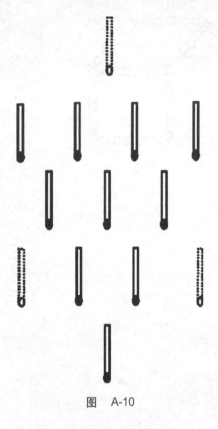

图 A-10

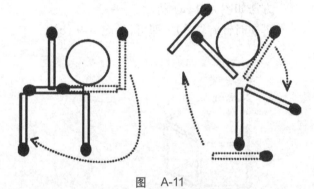

图 A-11

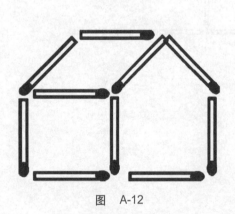

图 A-12

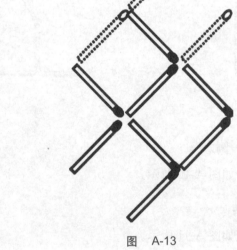

图 A-13

14. 反方向 (2)

如图 A-14 所示,移动 2 根火柴。

15. 飞鸟

方法如图 A-15 所示。

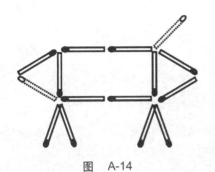

图 A-14

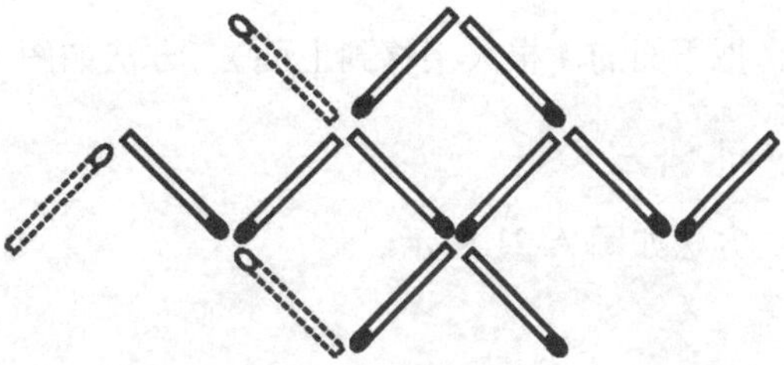

图 A-15

16. 一头猪

方法如图 A-16 所示。

17. 改变方向

方法如图 A-17 所示。

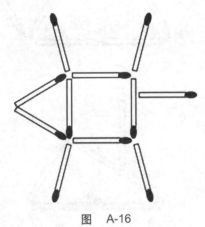

图 A-16

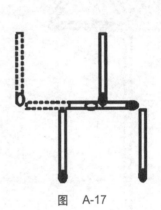

图 A-17

18. 游水的小鱼

移动 2 根火柴,方法如图 A-18 所示。

19. 倒扣的杯子

方法如图 A-19 所示。

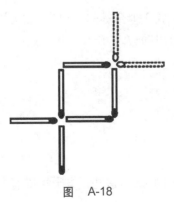

图 A-18

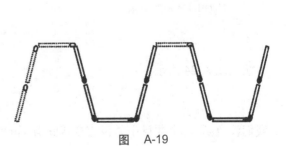

图 A-19

20. 长枪

把下面的 4 根火柴移到上面去, 方法如图 A-20 所示。

21. 小船

方法如图 A-21 所示。

22. 天平

可移走图 A-22 中虚线所示的火柴, 摆成实线的样子。

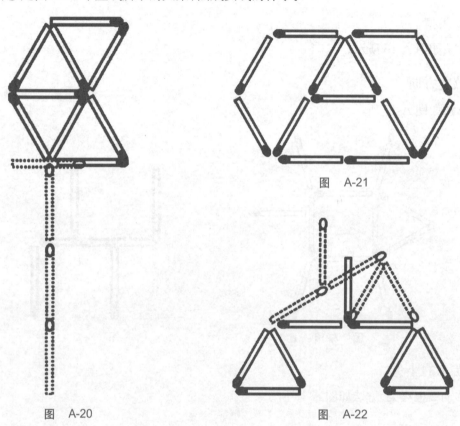

图 A-21

图 A-20

图 A-22

23. 斧子

我们可以看出, 构成斧子的火柴共有 9 根, 而最后要摆成 3 个全等的三角形, 说明每个三角形都是边长为 1 根火柴的三角形, 且 3 个三角形没有公用的边。

所以方法如图 A-23 所示。

24. 台灯

方法如图 A-24 所示。

25. 仓库

我们注意到, 这个题目中并没有要求正方形的大小要相同, 所以这些正方形可以有大有小,而且有些边肯定要重复使用。

　　(1) 把"房顶"的两根火柴移下来,可以得到 11 个正方形 (8 个小的,3 个大的),见图 A-25 (a)。

　　(2) 要想得到 15 个正方形,可以按图 A-25 (b) 所示移动火柴。

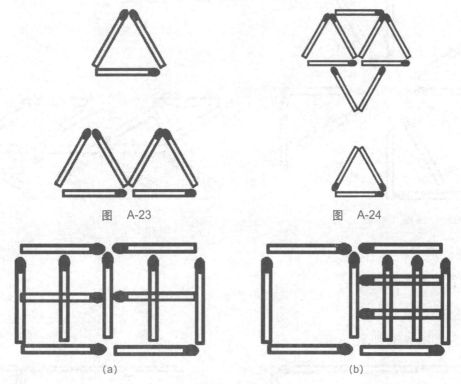

图　A-23　　　　　　　　　　　图　A-24

(a)　　　　　　　　　　　　　(b)

图　A-25

26. 翻转梯形

　　如图 A-26 所示,移动 4 根火柴即可。

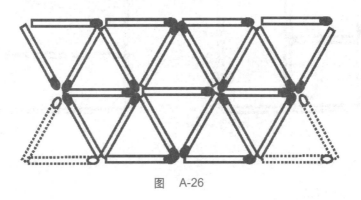

图　A-26

27. 太阳变风车

　　方法如图 A-27 所示。

28．箭头变正方形

方法如图 A-28 所示。

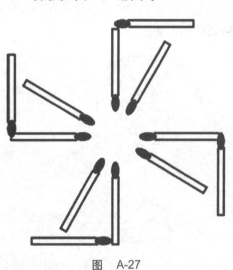

图　A-27

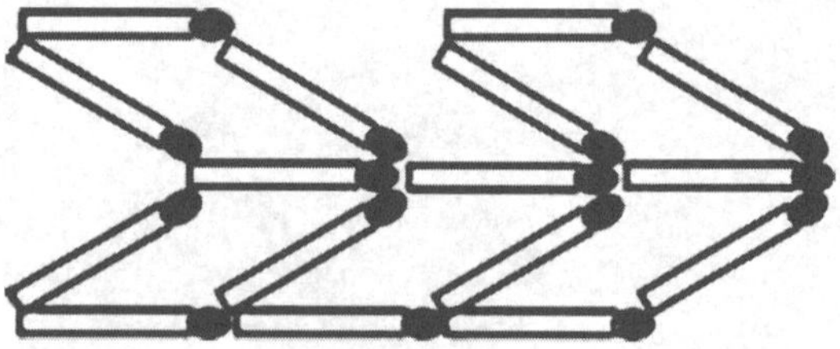

图　A-28

29．螺旋形（1）

方法如图 A-29 所示。

30．螺旋形（2）

方法如图 A-30 所示。

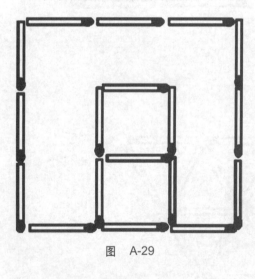

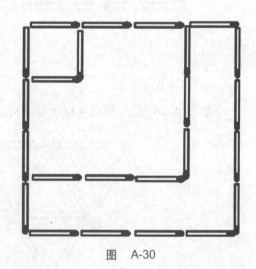

图　A-29

图　A-30

31．螺旋形（3）

方法如图 A-31 所示。

32．螺旋形（4）

方法如图 A-32 所示。

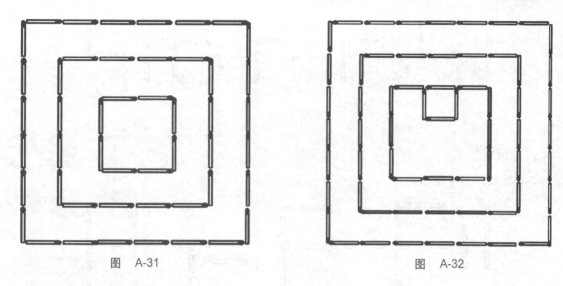

图 A-31　　　　　　　　　　　图 A-32

二、移动变等式

33. 等式成立

方法如图 B-1 所示。

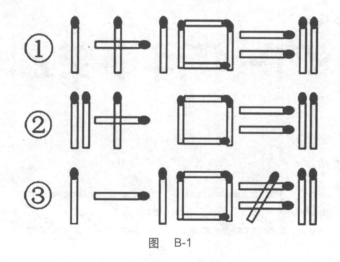

图　B-1

34. 移动火柴（1）

方法如图 B-2 所示。

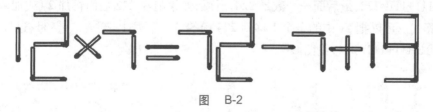

图　B-2

35. 移动一根火柴

方法如图 B-3 所示。

图 B-3

36. 如何成等式

方法如图 B-4 所示。

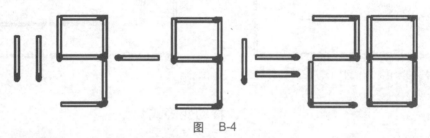

图 B-4

37. 移动火柴（2）

方法如图 B-5 所示。

图 B-5

38. 火柴算式

方法如图 B-6 所示。

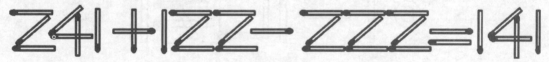

图 B-6

39. 变等式（1）

前面 111+111=222，最后面一个数是 224，所以，如果能在 222 后面再加 2（或加两个 1），则可变成等式。可以把 11 中的一个 1 移到 224 前的"－"号上，变成"="号，这样就得到了答案：111+111+1+1=224，见图 B-7。

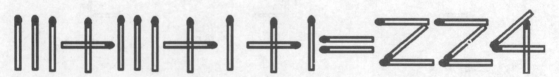

图 B-7

40．变等式（2）

题中有一个四位数，一个五位数，其他都是三位数，所以可将所有数都化为不超过三位，做如下的移动，将 1112×2+11144 变为 112×2+1+114。这时，112×2+1+114=339，而 339－222=117，所以只要把 117 前面的"+"变为"＝"即可。

方法如图 B-8 所示。

图 B-8

41．变等式（3）

题目只是个四则运算式子，并没有等号，而题目要求移动 1 根火柴使它变成等式，所以我们一定是要在数字或"+"号上去掉 1 根火柴，添在"－"号上或改"+"为等号。

112×7=784，而 784－72＝712，剩下的部分还有 7+2，可变成 712。所以，可以把最后面一个"+"号中"－"移到 7 前面的"－"号上，变成等号，即 112×7－72=712，见图 B-9。

图 B-9

42．等号在哪里

方法如图 B-10 所示。

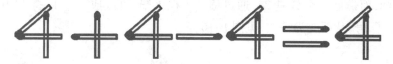

图 B-10

43．五个 4

方法如图 B-11 所示。

4+4－4＝4

图 B-11

44．全是 1

方法如图 B-12 所示。

图 B-12

45. 错误的式子

把 17 前面的"+"变成"−",这 1 根火柴移到等号右边把 71 变成 21,见图 B-13。

图 B-13

46. 火柴游戏（1）

把 7 前面的"+"变成"−",这 1 根火柴移到 7 前面变成 17,见图 B-14。

图 B-14

47. 移动 2 根火柴（1）

方法如图 B-15 所示。

图 B-15

48. 乘法运算

$12 \times 4 = 48$,而最后一个数是 24,通过移动 1 根火柴,可改成 44。可将 14 中的 1 移到 4 前面变成"−"号,从而变为等式,见图 B-16。

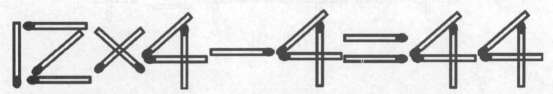

图 B-16

49．加减法

把第 2 个"+"的横去掉，放在前面当 1 就可以了，见图 B-17。

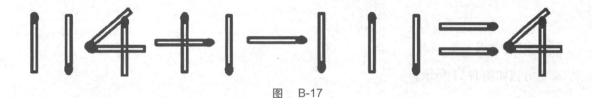

图　B-17

50．不相等

方法如图 B-18 所示。

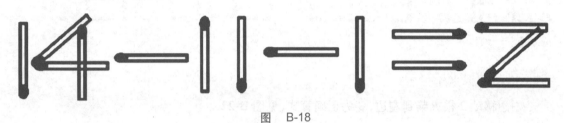

图　B-18

51．都会相等

移动方法如图 B-19 所示。

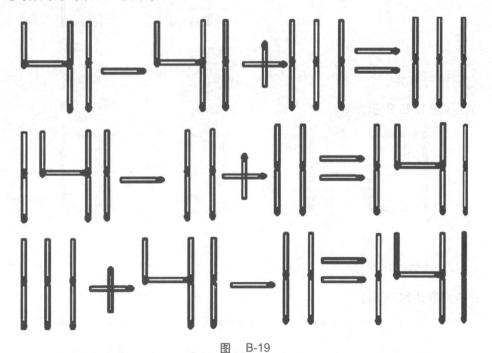

图　B-19

52．移动 2 根火柴（2）

方法如图 B-20 所示。

图 B-20

53. 移动2根火柴（3）

方法如图 B-21 所示。

提示：还有其他移法。

图 B-21

54. 移动2根火柴（4）

右边移动2根火柴到左边，变为正确算式，见图 B-22。

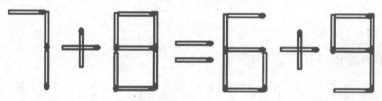

图 B-22

55. 变为正确算式（1）

方法如图 B-23 所示。

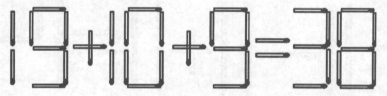

图 B-23

56. 变为正确算式（2）

方法如图 B-24 所示。

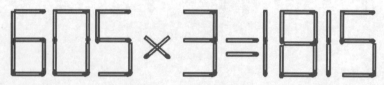

图 B-24

57. 变为正确算式（3）

把 221 中的 1 移到等号右边使 1 变成 7，见图 B-25。

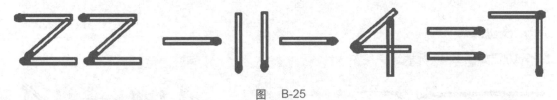

图　B-25

58. 数学算式

方法如图 B-26 所示。

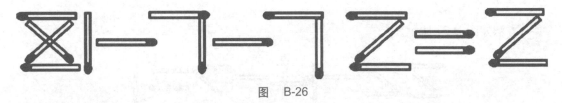

图　B-26

59. 除法等式

方法如图 B-27 所示。

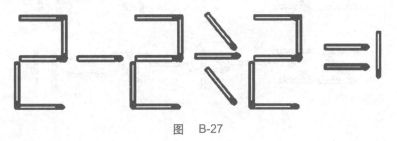

图　B-27

60. 变成等式（1）

方法如图 B-28 所示。

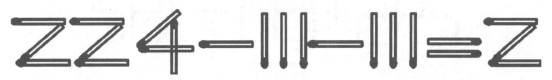

图　B-28

61. 火柴游戏（2）

等号左边有个减数是 1222，而其他数都是三位数，所以应考虑把 1222 中的 1 移走，放在它前面的"−"号上，即把算式变成：222+222+222+711=177，这依然不相等。不过，如果我们把 711 中的 7 变为 1，而把多出来的那根火柴放在 177 上，变为 777，这样等式就成立了，见图 B-29。

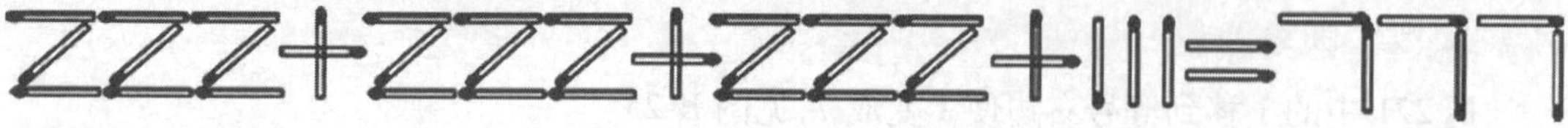

ZZZ+ZZZ+ZZZ+III=777

图 B-29

62. 移动火柴（3）

方法如图 B-30 所示。

ZZ7×Z+74−414=114

图 B-30

63. 火柴等式

方法如图 B-31 所示。

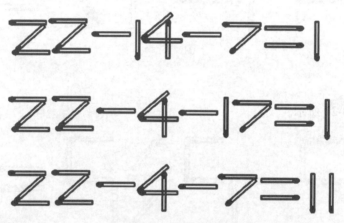

图 B-31

64. 移动 3 根火柴（1）

方法如图 B-32 所示。

图 B-32

65. 移动 3 根火柴（2）

方法如图 B-33 所示。

图 B-33

66．移动 3 根火柴（3）

方法如图 B-34 所示。

图　B-34

67．移动三根火柴（4）

方法如图 B-35 所示。

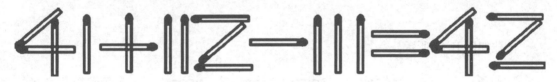

图　B-35

68．使等式成立（1）

等号左边有个四位数 1112，而其他的数都是两位数，所以，基本方法是把这个四位数变成两位数，或把它变成三位数，再把另外 1 个数变成三位数。等号右边是 42，而等号左边第 1 个数是 41，如果能把"−1112+ 11"的计算结果凑成"+1"就可以了，所以只要变成"+112−111"就满足了要求，见图 B-36。

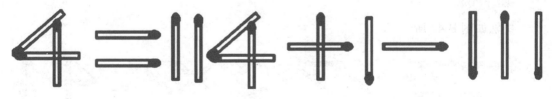

图　B-36

69．使等式成立（2）

方法如图 B-37 所示。

图　B-37

70．动了哪一根

方法如图 B-38 所示。

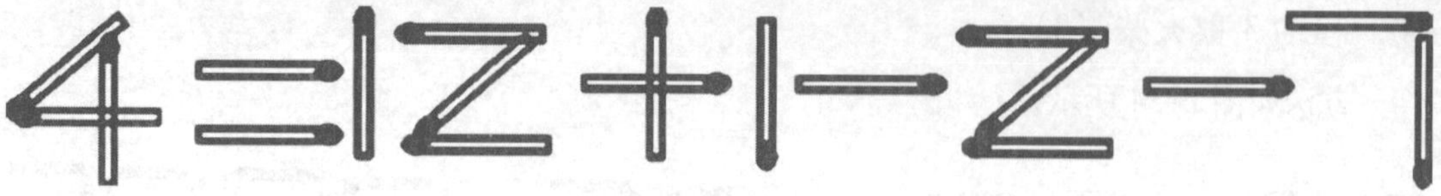

$$4 = 12 + 1 - 2 - 7$$

图　B-38

71. 等式如何成立

方法如图 B-39 所示。

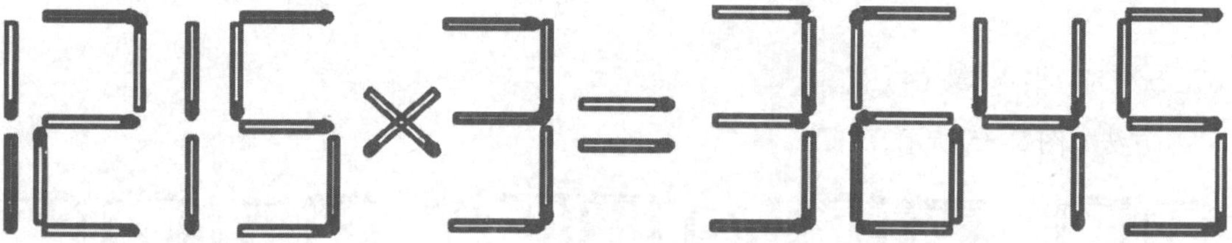

$$1215 \times 3 = 3645$$

图　B-39

72. 如何相等

左边的计算结果是三位数,而右边是五位数,所以要把右边的五位数变成三位数与一位数的和,只能是"177+2",即 179。计算左边的结果是 287,所以,需要把左边减小一些,即把左边的"+"号变为"−"号,见图 B-40。

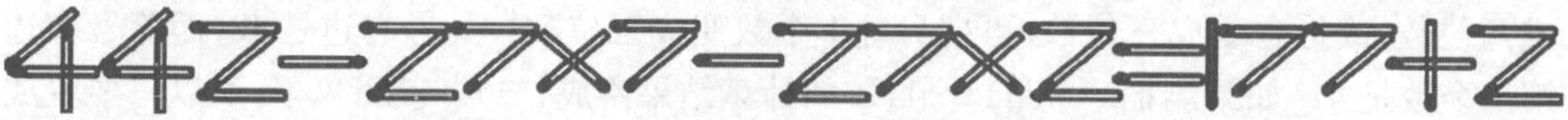

$$442 - 27 \times 7 - 27 \times 2 = 177 + 2$$

图　B-40

73. 变成等式（2）

方法如图 B-41 所示。

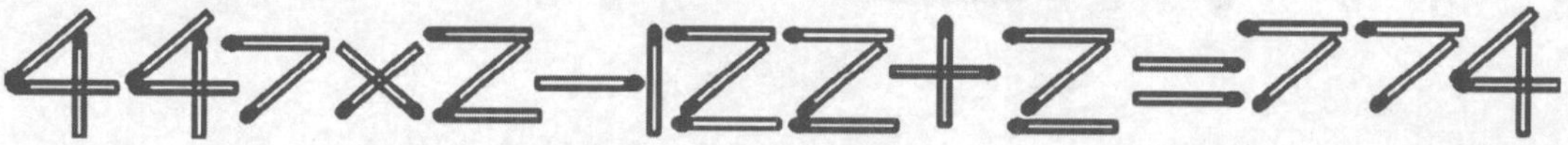

$$447 \times 2 - 122 + 2 = 774$$

图　B-41

74. 使等式成立（3）

方法如图 B-42 所示。

$$422 - 27 \times 2 \times 7 = 44$$

图　B-42

75. 移动 2 根火柴（5）

方法如图 B-43 所示。

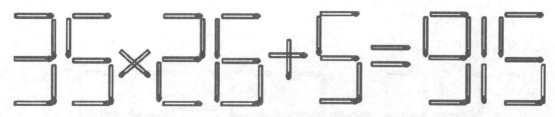

图　B-43

76．移动 3 根火柴（5）

方法如图 B-44 所示。

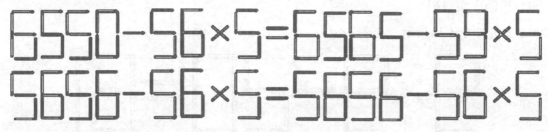

图　B-44

77．成为等式

方法如图 B-45 所示。

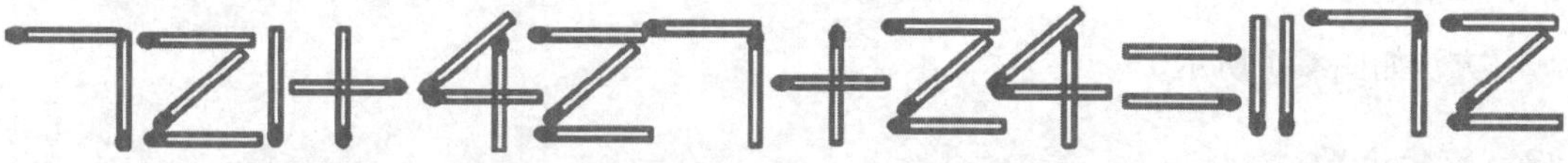

图　B-45

78．加减混合

观察算式两边，等号左边计算的结果是 641，右边计算的结果是 141，所以基本方法是通过移动火柴，使左边的数减小而右边增加。如果把左边的减数 121 变成 21，则左边的计算结果是 741，且被拿掉一根火柴，添加到右边的 141 中，也可以变成 741，于是等式成立，见图 B-46。

提示：还有其他解法。

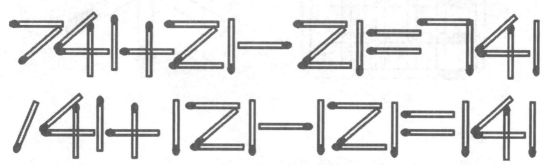

图　B-46

79. 移动 3 根火柴（6）

方法如图 B-47 所示。

图 B-47

80. 移动火柴（4）

方法如图 B-48 所示。

图 B-48

三、摆图形游戏

81. 12 根火柴

方法如图 C-1 所示。

82. 直角个数

最少需要 3 根,再摆成图 C-2 的立体图形即可。

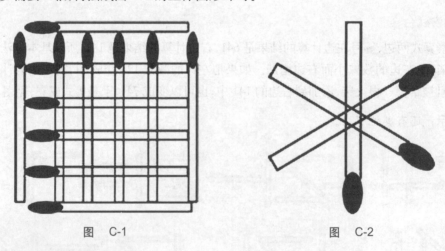

图 C-1   图 C-2

83. 14 根火柴

还有几种方法,图 C-3 中仅为一例,其他的方法请大家自己研究。

84．4 个三角形

要解这道题,不能局限在平面上,而是要向立体方向发展,此时只需把 6 根火柴摆成正四面体,也就是棱锥体形状即可。

另外有个小技巧,可以使火柴不需要任何其他工具的帮助就可以保持这一形状。方法是把 2 根火柴的头部靠在一起,并呈 60° 角,第 3 根火柴斜着放上去,保持与其他 2 根都呈 60° 角,然后将 3 个火柴头点燃并马上吹灭,你就会发现,3 根火柴连在一起了,这样就可以把它立起来,并在底下放 3 根火柴组成正四面体,见图 C-4。

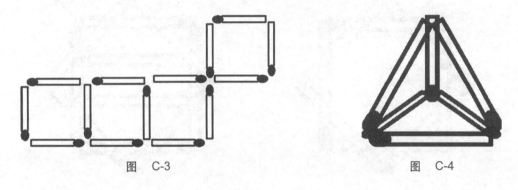

图 C-3   图 C-4

85．多多益善

我们知道,平面上的 9 根火柴最多可以拼成 5 个等边三角形,即拼成一个由 4 个小三角形组成的大三角形图案。但这不是最多的,在立体空间上,最多可以拼出 7 个等边三角形来,即拼成两个共用一个面的正四面体。你可以自己试一下。

86．摆图形游戏

8 根火柴摆成的正方形中的每条边用 2 根火柴,它可以分成 4 个小正方形,因此,只要用 10 根火柴摆出有 4 个同样大小的小正方形图形即可。图 C-5 的 4 个图形都符合题意。

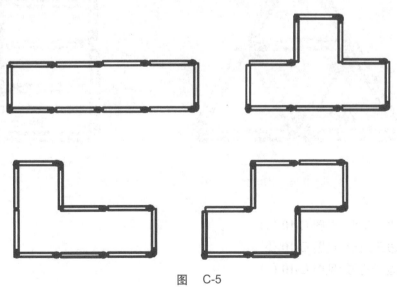

图   C-5

87. 8 根火柴

4 根火柴可以摆出一个正方形,再用 4 根火柴又可以摆出一个同样大小的正方形。把这 2 个正方形如图 C-6 所示交叉放在一起,就可以形成 8 个相同的三角形了。

88. 完成任务

方法如图 C-7 所示。

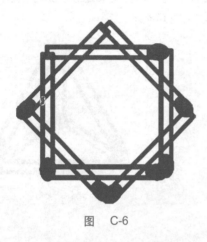

图　C-6

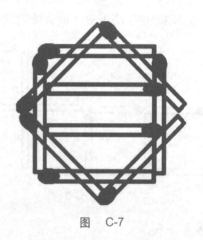

图　C-7

89. 5 个三角形

摆成 1 个正三角形即可,见图 C-8。

90. 摆图形

摆成下图 C-9 所示的样子即可。

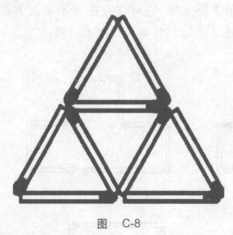

图　C-8

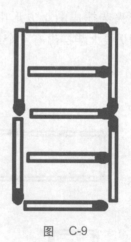

图　C-9

91. 摆等边三角形

6 个等边三角形,见图 C-10 (a)。

7 个等边三角形,见图 C-10 (b)。

8 个等边三角形,见图 C-10 (c)。

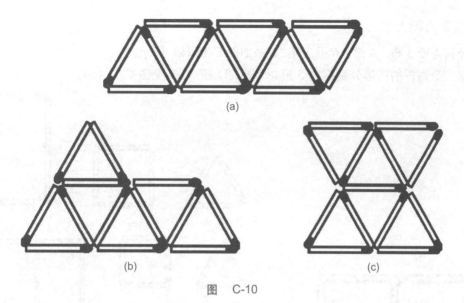

图　C-10

92．大小相同（1）

15 根。方法如图 C-11 (a) 所示。
14 根。方法如图 C-11 (b) 所示。
13 根。方法如图 C-11 (c) 所示。
12 根。方法如图 C-11 (d) 所示。

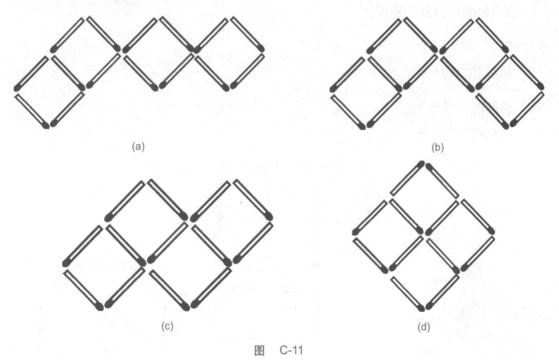

图　C-11

93．摆火柴图形（1）

要求用 7 根火柴摆出 2 个正方形，显然必须有一根火柴公用才能办到，见图 C-12。

94. 需要几根火柴

分别需要 3 根、4 根、6 根火柴,方法如图 C-13 (a) 所示。

摆 2 个同样的图形分别需要 5 根、7 根、11 根火柴,见图 C-13 (b)。

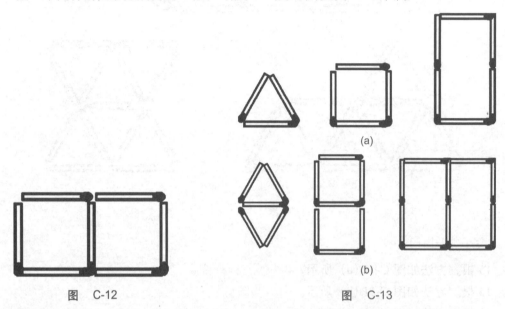

(a)

(b)

图　C-12

图　C-13

95. 九角星

摆成如图 C-14 所示即可。

96. 四变二

方法如图 C-15 所示。

97. 相同的三角形

方法如图 C-16 所示。

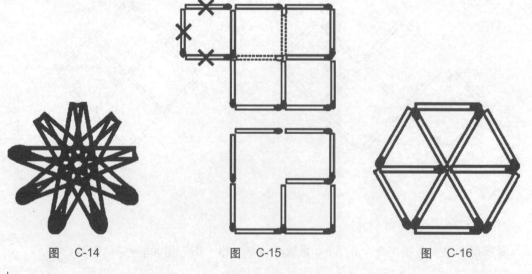

图　C-14

图　C-15

图　C-16

98．这可能吗

6 个很容易，只需摆成 6 个独立的正方形即可。

下面我们主要来摆 9 个、16 个、27 个、50 个大小相等的正方形。

9 个。方法如图 C-17 (a) 所示。

16 个。方法如图 C-17 (b) 所示。

27 个。方法如图 C-17 (c) 所示。

50 个。方法如图 C-17 (d) 所示。

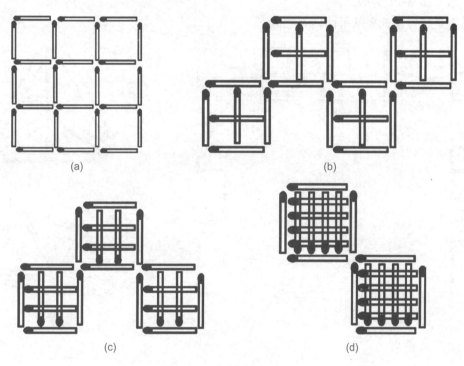

图 　C-17

99．数量加倍

方法如图 C-18 所示。

100．艰巨的任务

中间 4 根斜着放，你想到了吗？见图 C-19。

图　C-18

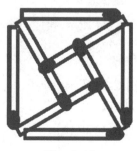

图　C-19

101. 加运算符号

方法如图 C-20 所示。

102. 直角三角形

方法如图 C-21 所示。

103. 解决疑难

方法如图 C-22 所示。

关键是思考模式要从平面转到立体。

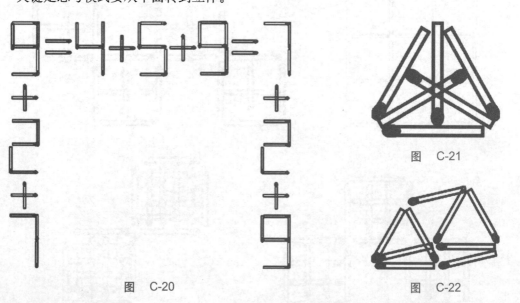

图　C-20

图　C-21

图　C-22

104. 加运算符号

方法如图 C-23 所示。

图　C-23

105. 6个三角形（1）

方法如图 C-24 所示，摆成一个正六边形即可。

106. 摆正方形（1）

方法如图 C-25 所示。

11 根。见图 C-25 (a)。

10 根。见图 C-25 (b)。

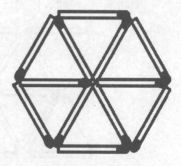

图　C-24

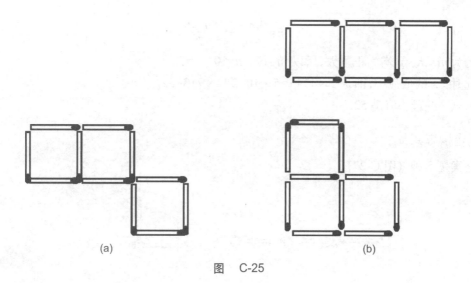

图　C-25

107．摆火柴图形（2）

方法一如图 C-26（a）所示，方法二如图 C-26（b）所示。

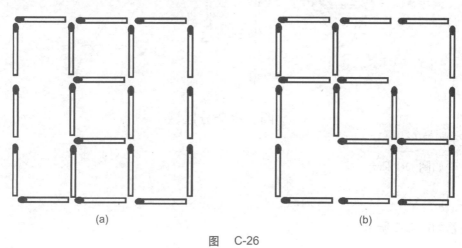

图　C-26

108．需要多少火柴

可以发现，除了摆第一个正方形需要 4 根火柴，之后每增加 1 个正方形就只需增加 3 根火柴即可，所以，摆 n 个正方形需要 $4+3(n-1)$ 根火柴，即 $3n+1$ 根。

109．摆正方形（2）

（1）图 3-18 中，$a=3m+1$；图 3-19 中，$a=5n+2$。

所以 $$3m+1=5n+2$$

解得 $$m=\frac{5n+1}{3}$$

（2）设图 3-20 中有 $3p$ 个正方形，那么火柴总数为 $(7p+3)$ 根。

即 $$a=3m+1=5n+2=7p+3$$

所以

$$p=\frac{3m-2}{7}=\frac{5n-1}{7}$$

因为 m、n、p 均为正整数，所以 $m=17$，$n=10$，$p=7$。

此时，a 的值最小，即 $a=3\times17+1=5\times10+2=7\times7+3=52$。

所以 a 的最小值是 52。

110．连接方式

答案是 5 种（图 C-27）。

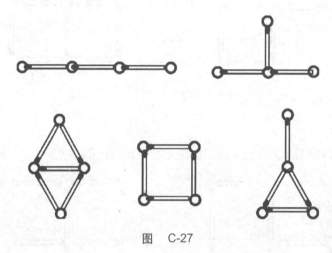

图　C-27

四、火柴分区域

111．分 3 等份（1）

方法如图 D-1 所示。

112．3 兄弟分家

方法如图 D-2 所示。

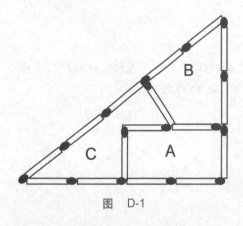

图　D-1　　　　　　　　　　　　图　D-2

113．巧分 4 块

方法如图 D-3 所示。

114．分地

方法如图 D-4 所示。

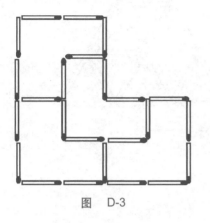

图 D-3

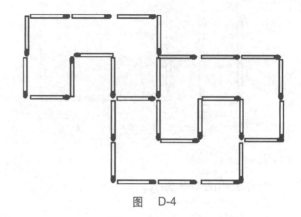

图 D-4

115．分院子

方法如图 D-5 所示。

116．分 3 等份（2）

方法如图 D-6 所示。

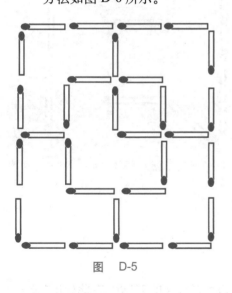

图 D-5

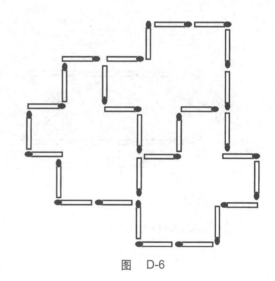

图 D-6

117．等比变换

方法如图 D-7 所示。

118．比面积

②的面积比较大。

先多用几根火柴棒把图形细分成小三角形，可以看到图形①中有 4 个小三角形，而在图形②中却有 5 个小三角形，见图 D-8。

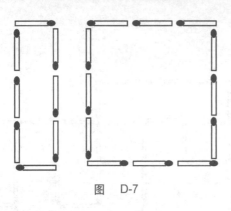

图 D-7

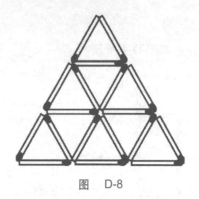

图 D-8

119．面积相等

方法如图 D-9 所示。

120．面积减少

方法如图 D-10 所示。

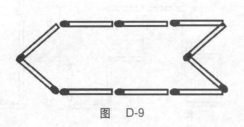

图 D-9

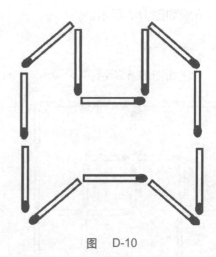

图 D-10

121．分菜地

方法如图 D-11 所示。

122．分 3 等份（3）

如图 D-12 所示，首先做辅助线，找出最上面一排左边那根火柴的 1/3 处。在此处用"竖—横—竖"的形式顺着摆下 3 根火柴，即可以确定下面一排的第 2 根火柴的 1/3 处。再通过上面一排火柴的中点做第 1 根辅助线的平行线，与最下面一排的第 2 根火柴的交点即为这根火柴的 2/3 处，在此处竖着摆两根火柴即可把整个图形分成 3 等份了。

123．面积相同

如果把思路局限在梯形上，怎么想也不会有结果。要突破限制，先想出正六边形，然后再拼成它面积的一半即可，见图 D-13。

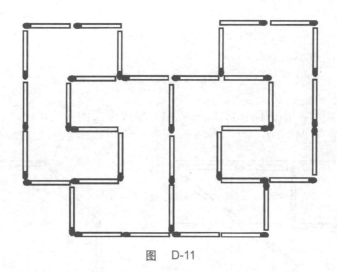

图 D-11

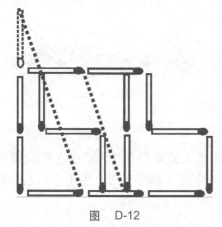

图 D-12

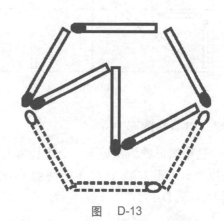

图 D-13

124．平分两部分

去掉最下面一排火柴的第 3 根，见图 D-14（a）。

可以分成 2 个如图 D-14（b）所示的图形。

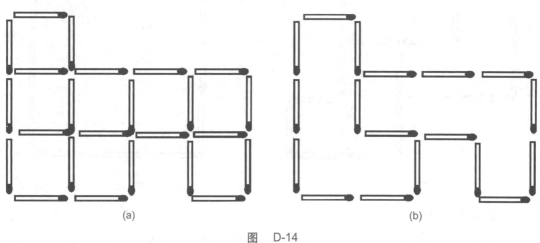

(a)   (b)

图 D-14

125．减少一半

方法如图 D-15 所示。

126．面积最大

周长相同的图形中，圆的面积最大，所以用 8 根火柴摆的多边形中，也是最接近圆的正八边形面积最大了，见图 D-16。

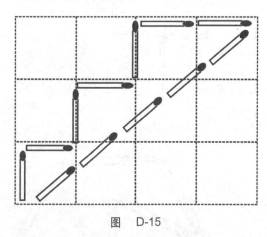

图　D-15

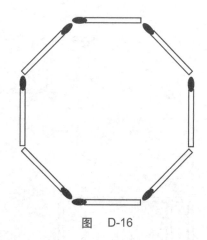

图　D-16

127．相同的图形

这个图形的面积等于 7 个边长为 1 根火柴的小正方形的面积之和。要达成要求，必须去掉 1 个小正方形，这样才能使剩下的部分划分成 2 个面积都等于 3 个小正方形面积的图形，见图 D-17。

128．火柴游戏（3）

拼成一个正方形即可，见图 D-18。

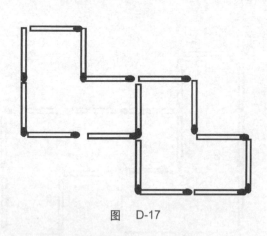

图　D-17

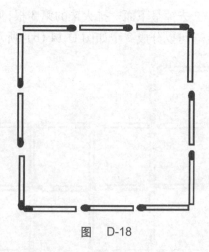

图　D-18

129．移动 4 根火柴

原图中有 6 个小三角形，变化后剩下 3 个三角形，这 3 个三角形与原来的 6 个三角形面积相同,必然有一个三角形的面积要增大,所以,如图 D-19 所示,移动其中的 4 根火柴,使下面的大三角形面积等于小三角形面积的 4 倍即可。

130．大小相同（2）

方法如图 D-20 所示。

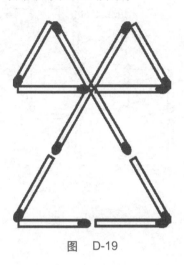 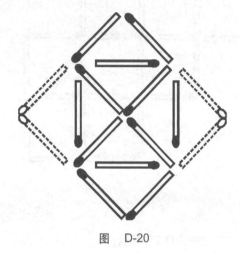

图　D-19　　　　　　　　　　　　　　　图　D-20

131．3 个正方形

如图 D-21 所示,移成品字形的图案即可。

132．大小相同（3）

方法如图 D-22 所示。

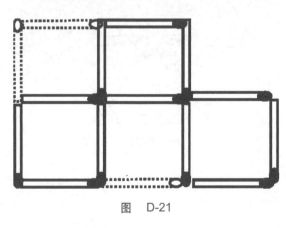 

图　D-21　　　　　　　　　　　　　　　图　D-22

133．大小相同（4）

方法如图 D-23 所示。

除了这种方法,还可以从下面的 2 个三角形的任何 1 个中取出 2 根火柴,移到对应的位置上去。

134. 形状相同

方法如图 D-24 所示。

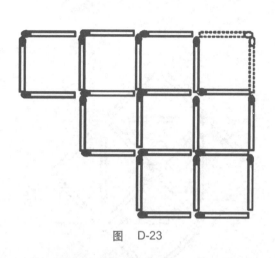

图　D-23

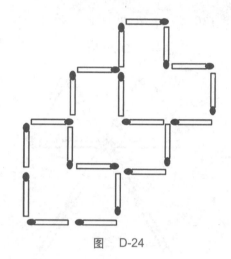

图　D-24

135. 六变三

方法如图 D-25 所示。

136. 羊圈

如图 D-26 所示即可。

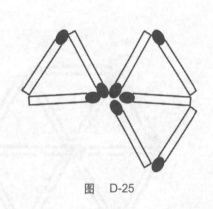

图　D-25

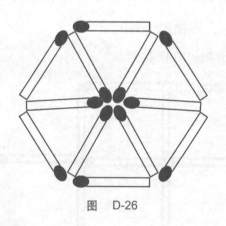

图　D-26

137. 摆正方形（3）

方法如图 D-27 所示。

138. 按要求拿火柴

由题目可知，原来有 9 个三角形，最后要剩下 5 个三角形，要求移走 4 根火柴。一般来说，第 1 次拿走哪根火柴都可以减少三角形的个数，但要每次减少 1 个三角形，则只能拿掉只作为 1 个三角形的边的火柴，所以为了保证每次只减少 1 个三角形，可以按图 D-28 的步骤逐一拿掉火柴。

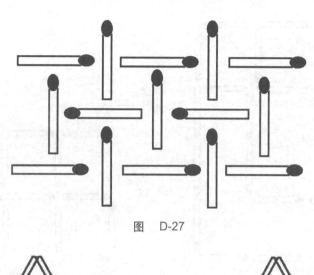

图　D-27

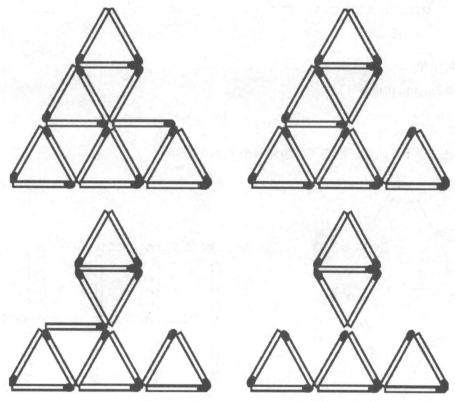

图　D-28

五、图形巧变换

139．二变三（1）

方法如图 E-1 所示。

140．变形

方法如图 E-2 所示。

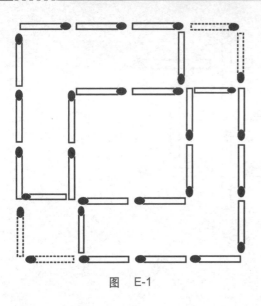

图 E-1

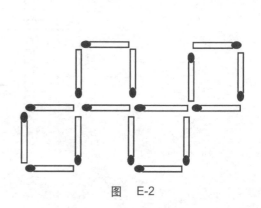

图 E-2

141. 六角星

方法如图 E-3 所示。

142. 五变六

移法如图 E-4 所示。别忘了左边还有个大正方形。

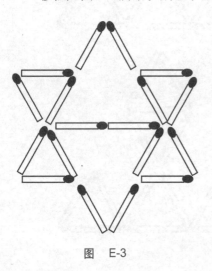

图 E-3

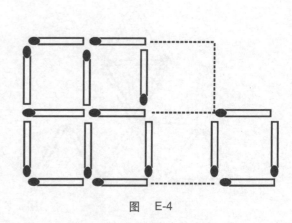

图 E-4

143. 变出 4 个三角形

方法如图 E-5 所示。

144. 只有 3 个

因为只能移动 4 根火柴,所以图 E-6 中较长的边(3 根和 4 根火柴组成的边)都不能动。把图中最里面的 4 根火柴移到图 E-6 的相应位置上即可。

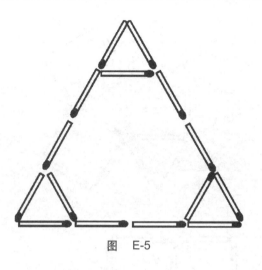

图 E-5

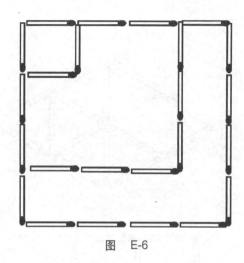

图 E-6

145. 二变三（2）

外面的大正方形不动,中间的正方形变成 2 个小正方形即可,见图 E-7。

146. 五变四

方法如图 E-8 所示。

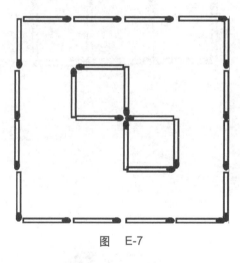

图 E-7

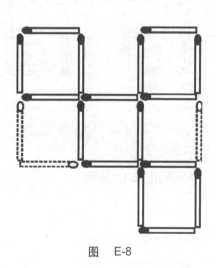

图 E-8

147. 6 个三角形（2）

方法如图 E-9 所示。

148. 四角星

方法如图 E-10 所示。

149. 增加 2 个

（1）从任意一个角上移动任意 2 根火柴,并如图 E-11（a）所示放置。记住,4 个并在一起的小正方形会组成一个田字形的大正方形。

（2）把刚才剩下的那根火柴移动至如图 E-11（b）所示的位置即可。

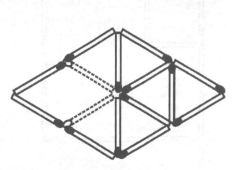

图　E-9

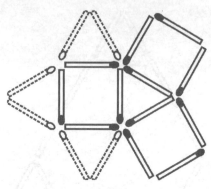

图　E-10

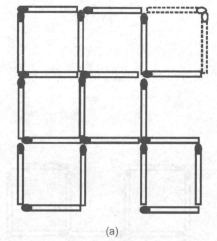

(a)

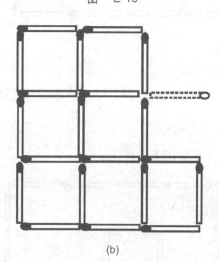

(b)

图　E-11

150．10 个正方形

　　方法如图 E-12 所示。

151．正六边形

　　方法如图 E-13 所示。

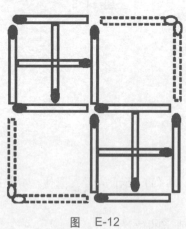

图　E-12

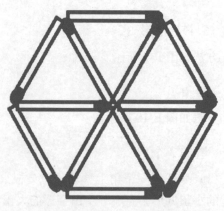

图　E-13

152．螺旋三角

方法如图 E-14 所示。

153．五变七（1）

方法如图 E-15 所示。

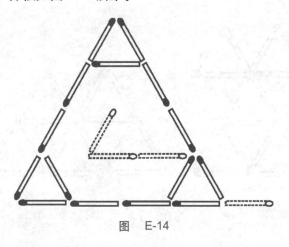

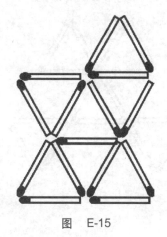

图　E-14

图　E-15

154．五变七（2）

方法如图 E-16 所示。

155．五变七（3）

方法如图 E-17 所示。

156．3 个正方形

方法如图 E-18 所示。

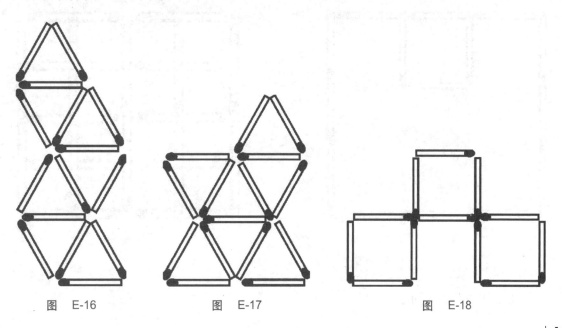

图　E-16

图　E-17

图　E-18

157．三角形数量

方法如图 E-19 所示。

5 个，见图 E-19 (a)。

7 个，见图 E-19 (b)。

9 个，见图 E-19 (c)。

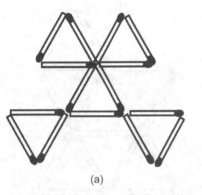 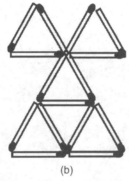 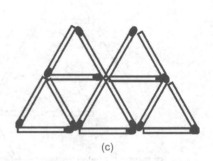

（a） （b） （c）

图　E-19

158．怎么移动

方法如图 E-20 所示。

159．30 个正方形

方法如图 E-21 所示。

其中：

4×4 的数量为 1 个；3×3 的数量为 4 个；2×2 的数量为 9 个；1×1 的数量为 16 个。

一共 30 个正方形。

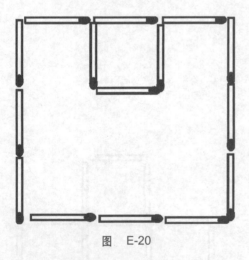 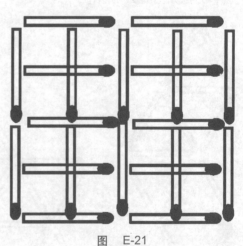

图　E-20 图　E-21

160．3 根火柴

方法如图 E-22 所示。

161. 三变五

3 个三角形用了 9 根火柴,要变成 5 个三角形,需要用到 15 根火柴,这样少了 6 根火柴。因此,变成的三角形中一定会有若干根火柴重复使用。方法如图 E-23 所示。

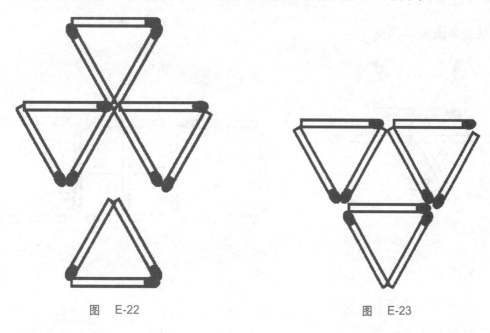

图 E-22   图 E-23

162. 5 个正方形

如图 E-24 所示按实箭头方向移动那根火柴,这样中央就多出了 1 个小正方形。

163. 怎样移动

4 个小正方形一共由 12 根火柴组成,要使它变成 3 个相等的正方形,那么每个正方形就应该由 4 根火柴组成,不需要有重复利用的情况,见图 E-25。

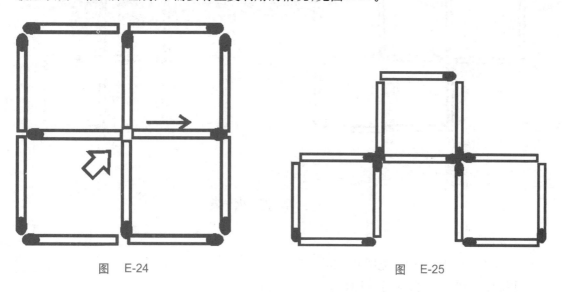

图 E-24   图 E-25

164. 三角形变换

如图 E-26 移动即可。

165. 7 个正方形

方法如图 E-27 所示。

图 E-26

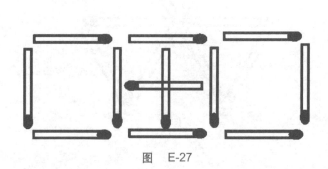

图 E-27

166. 回字图

方法如图 E-28 所示。

167. 只剩 5 个正方形

方法如图 E-29 所示。

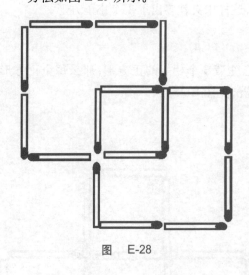

图 E-28

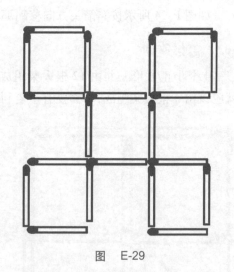

图 E-29

六、增 减 火 柴

168. 去除一根

将 6 中去除 1 根火柴，见图 F-1 (a)。

再旋转 180° 即可，见图 F-1 (b)。

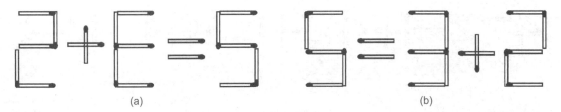

(a)   (b)

图　F-1

169．减法运算

方法如图 F-2 所示。

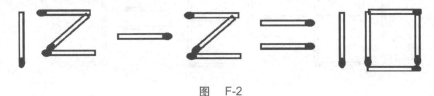

图　F-2

170．错误的算式（1）

去掉 1 根，可变为图 F-3。

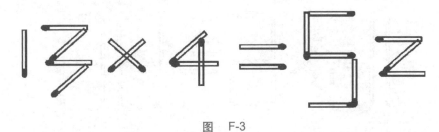

图　F-3

171．错误的算式（2）

移动 1 根，可变为图 F-4。

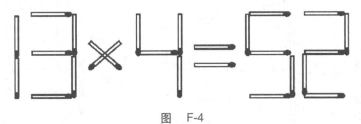

图　F-4

172．改算式

方法如图 F-5（a）或图 F-5（b）所示。

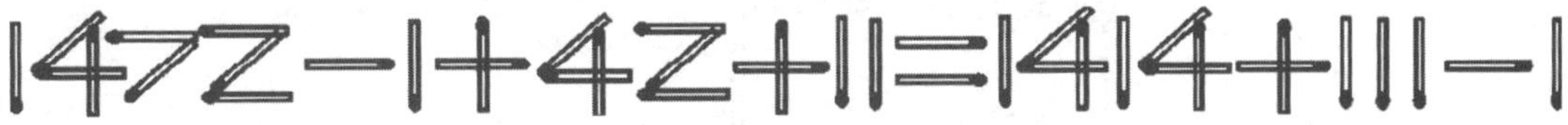

1472-1+42+11=1414+111-1

(a)

图　F-5

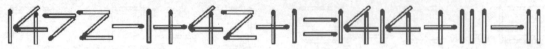

(b)

图 F-5（续）

173. 错误的等式

添加 1 根火柴，可变为图 F-6 的等式。

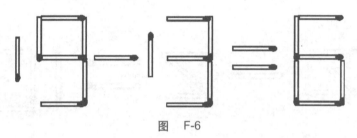

图 F-6

174. 简单乘法

方法如图 F-7 所示。

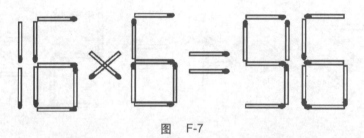

图 F-7

175. 等式

去掉 1 根火柴，可变为图 F-8 的等式。

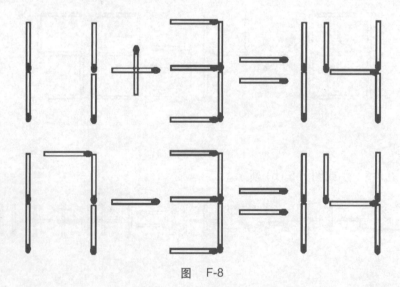

图 F-8

176. 添加一根火柴

方法如图 F-9 所示。

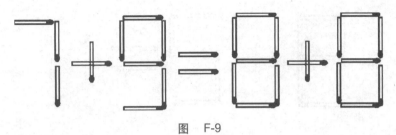

图　F-9

177. 添上还是去掉（1）

方法如图 F-10 所示。

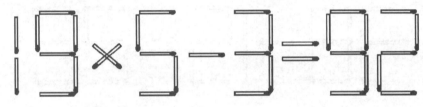

图　F-10

178. 添上 1 根火柴

添加火柴，"2" 和 "8" 是不可能变的，只能从 "5" 中寻找解题的方法。要想使等式成立，只能是 2+6=8，见图 F-11。

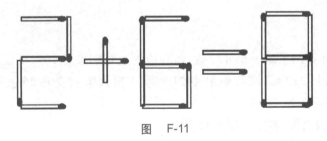

图　F-11

179. 等式成立

方法如图 F-12 (a) 或图 F-12 (b) 所示。

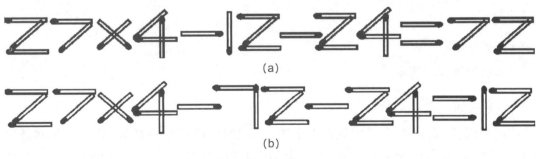

(a)

(b)

图　F-12

180．正确的算式

方法如图 F-13 所示。

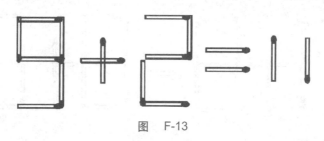

图　F-13

181．减法成立

方法如图 F-14 所示。

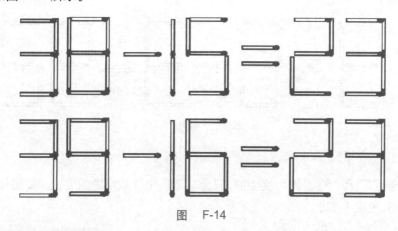

图　F-14

182．火柴游戏

原式左边的计算结果是一个 4 位数，而右边的运算结果是 109，所以，使左边减小是做这道题的思路。因为 12×7=84，如果 4421 移动 1 根火柴后变成 25 就可以了，拿掉百位 4 上的 1 根火柴即可变为"4+21"。

因此，去掉 1 根火柴，答案如图 F-15 所示。

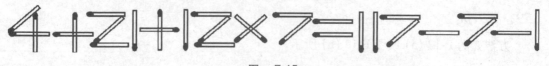

图　F-15

183．乘法运算

方法如图 F-16 所示。

184．等式如何成立

我们看到，在这个等式中只有 1 个四位数 1244，而且它是减数，其余的数都是三位数。所以，我们想到要把 1244 千位上的 1 去掉，使它变成三位数，这时，左边变成

772−244−417=111,等式成立。另外,还可以在被减数的前面添加 1 根火柴,使它变成 1772,这样,算式左边变为 1772−1244−417=111,等式仍然成立。

所以有 2 个答案:一是去掉 1 根火柴,二是添加 1 根火柴,见图 F-17。

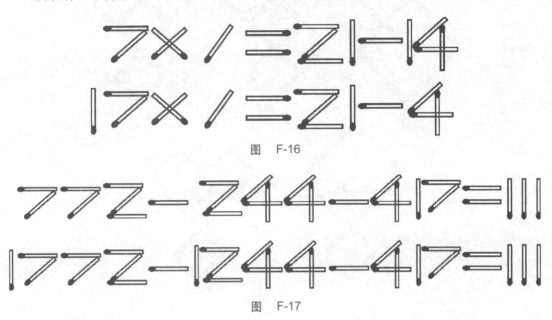

图　F-16

图　F-17

185. 添上还是去掉（2）

方法如图 F-18 所示。

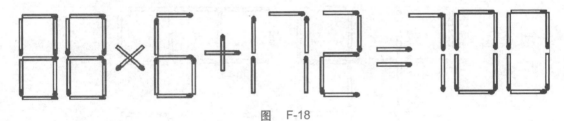

图　F-18

186. 去掉 3 根

方法如图 F-19 所示。

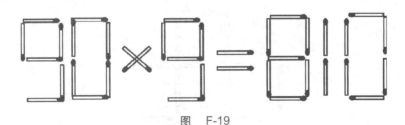

图　F-19

187. 增加菱形

移动方法如图 F-20 所示。

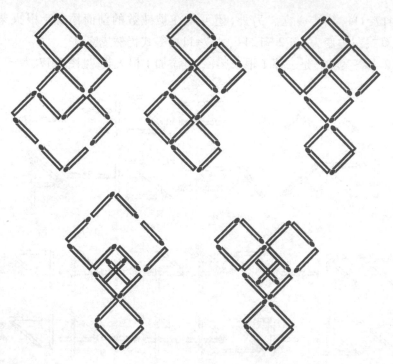

图　F-20

188．九变五

方法如图 F-21 所示。

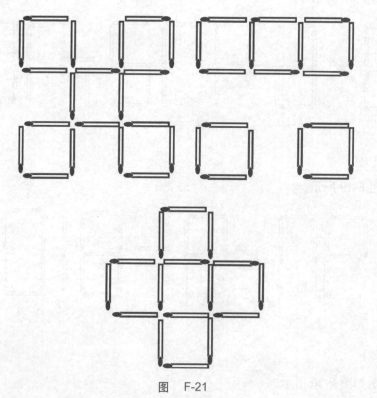

图　F-21

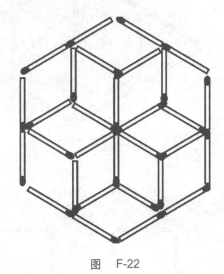

189. 正六边形

方法如图 F-22 所示。

190. 长方形变正方形

方法如图 F-23 所示。

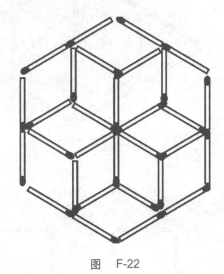

图 F-22

图 F-23

191. 8 根火柴

方法如图 F-24 所示。

192. 六角星

方法如图 F-25 所示。

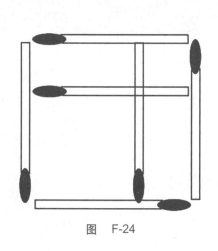

图 F-24

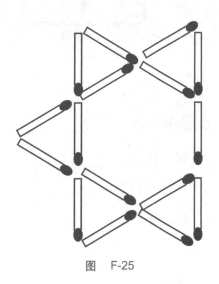

图 F-25

193. 取火柴 (1)

方法如图 F-26 所示。

194．取火柴（2）

方法如图 F-27 所示。

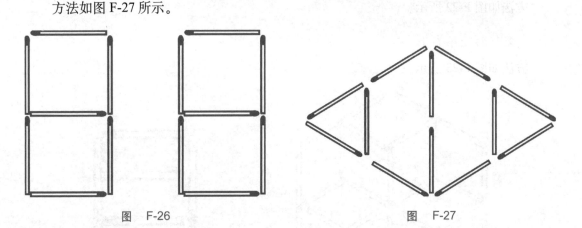

图　F-26　　　　　　　　　　图　F-27

195．取火柴（3）

方法如图 F-28（a）或图 F-28（b）所示。

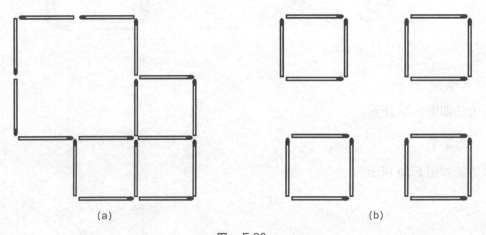

(a)　　　　　　　　　　　(b)

图　F-28

196．只剩 8 个

方法如图 F-29 所示。

197．得到工钱

方法如图 F-30 所示。

198．3 个三角形

方法如图 F-31 所示。

199．只剩两个

我们知道，图 F-32 中现在一共有 5 个正方形，要想得到 2 个正方形，需要破坏其中的 3 个，按图所示方法移去 2 根火柴即可。

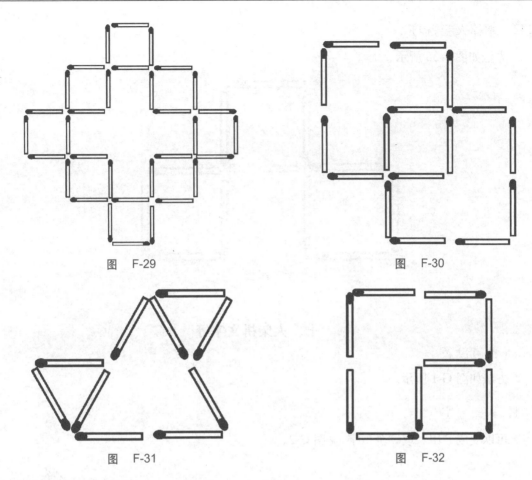

图　F-29　　　　　　　　　　　图　F-30

图　F-31　　　　　　　　　　　图　F-32

200．拿掉火柴（1）

方法如图 F-33 所示。

201．拿掉火柴（2）

方法如图 F-34 所示。

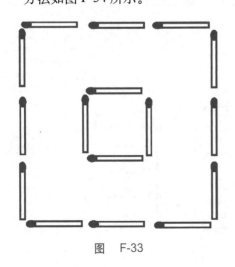
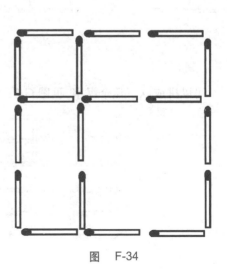

图　F-33　　　　　　　　　　　图　F-34

202．拿掉火柴（3）

方法如图 F-35 所示。

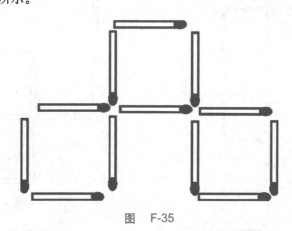

图　F-35

七、火柴拼文字等

203．变省份名

方法如图 G-1 所示。

204．另一个字

可以变成"田"或"全"字，见图 G-2。

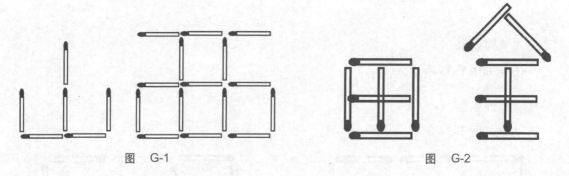

图　G-1　　　　　　　　　　　图　G-2

205．拼汉字

可以拼成以下几个汉字，见图 G-3。

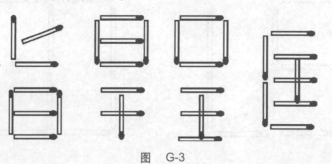

图　G-3

206．奇妙的汉字（1）

加 1 根,可以变成"甲"或者"由",见图 G-4。

207．奇妙的汉字（2）

去掉 1 根,可以变成"日",见图 G-5。

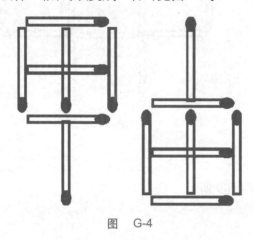

图　G-4

图　G-5

208．奇妙的汉字（3）

移动 1 根,可以变成"旧"或"白",见图 G-6。

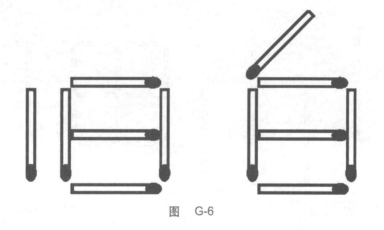

图　G-6

209．火柴文字

有人可能想移动 3 根,其实只需要移动其中的 1 根就够了。就是把"旨"字上面的那个竖着的火柴移动到中间,然后倒过来看就是"旱"字了。

210．井

可以变成 2 个"口",方法如图 G-7 所示。

211．变品字

方法如图 G-8 所示,把下面虚线所示的 3 根移到上面去将正方形封闭即可。

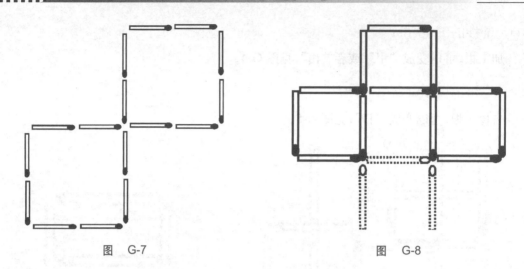

图　G-7　　　　　　　　　　　　图　G-8

212．变字（1）

可以变成"甲"或者"由"字,方法如图 G-9 所示。

213．变字（2）

可以变成"田"或者"币"字,方法如图 G-10 所示。

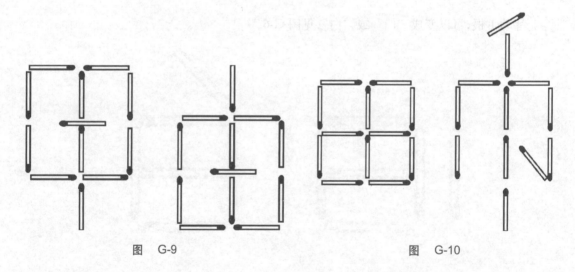

图　G-9　　　　　　　　　　　　图　G-10

214．变字（3）

可以变成"申"字,方法如图 G-11 所示。

215．变字（4）

可以变成"干"或者"土"字,方法如图 G-12 所示。

216．变字（5）

可以变成"不"字,方法如图 G-13 所示。

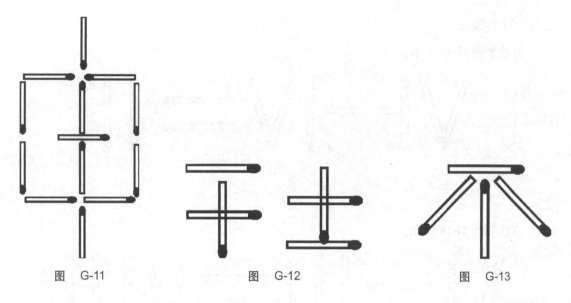

图 G-11　　　　　　图 G-12　　　　　　图 G-13

217. 罗马等式（1）

方法如图 G-14 所示。

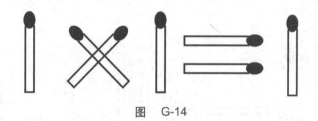

图　G-14

218. 罗马等式（2）

方法如图 G-15 所示。

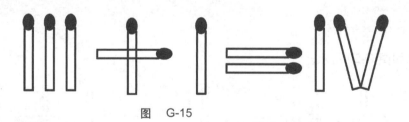

图　G-15

219. 罗马等式（3）

方法如图 G-16 所示。

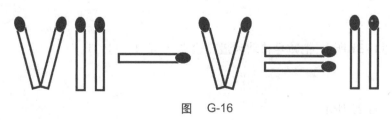

图　G-16

220．罗马等式（4）

方法如图 G-17 所示。

图　G-17

221．罗马等式（5）

方法如图 G-18 所示。

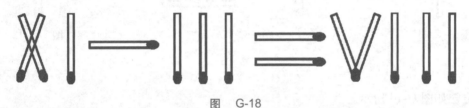

图　G-18

222．罗马等式（6）

方法如图 G-19 所示。

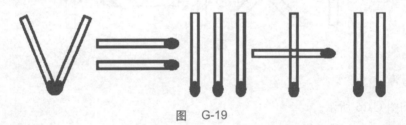

图　G-19

223．罗马等式（7）

方法如图 G-20 所示。

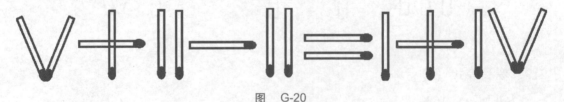

图　G-20

224．罗马等式（8）

方法如图 G-21 所示，把减号移动到最左边去，变成 1×11=11。

225．罗马等式（9）

方法如图 G-22 所示。

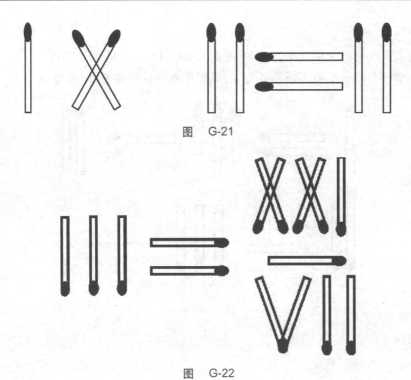

图 G-21

图 G-22

226. 不准移动

把书转个方向看即可。

227. 三种方法

有如图 G-23 所示 3 种移法。

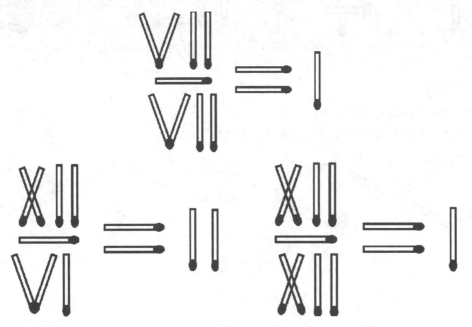

图 G-23

228. 1-3=2？

也许有人认为移动 1 根火柴，使其变成图 G-24（a）所示的形式即可。

其实不需要移动火柴就可以使其成立，只要把本书反过来看即可，见图 G-24（b）。

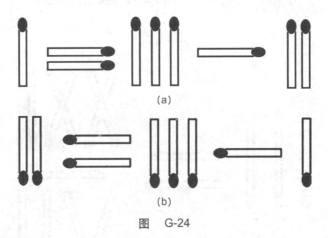

图　G-24

229. 怎么摆

摆成 π=3.14，见图 G-25。

230. 移动火柴

方法如图 G-26 所示。

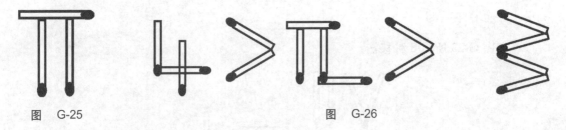

图　G-25　　　　　　　　　　　图　G-26

231. 摆菱形

见图 G-27（a），为 2 个菱形。

见图 G-27（b），移动 2 根火柴变成"一个菱形"。

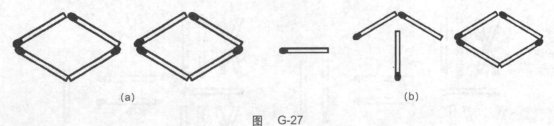

(a)　　　　　　　　　　　　　　(b)

图　G-27

232. 奇怪的等式

变成"1 加 1=2"，见图 G-28（a）。

或者把前后 2 个 1 看成绝对值符号,再把 2 下面的一根火柴移到 0 的前面变成减号,即 $|-7-0|=7$。-7 的绝对值是 7,也可以满足要求,见图 G-28 (b)。

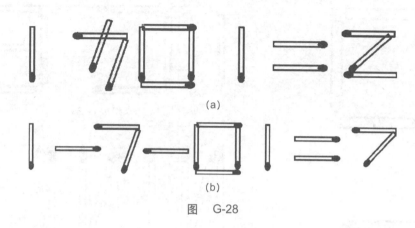

图 G-28

233. 火柴游戏

移走数字 8 顶端的 1 根和左上方的第 1 根,以及 0 底部的 1 根,变成图 G-29 (a) 的效果。

然后将其倒转位置,将看到 2 PLUS 1 (2 加 1),即等于 3,见图 G-29 (b)。

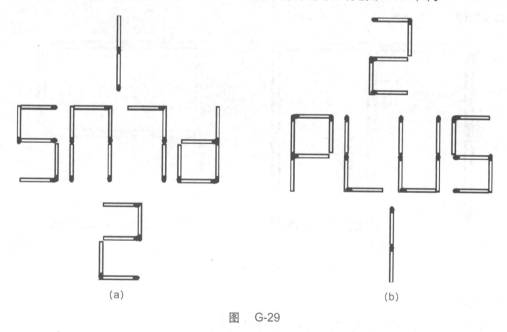

图 G-29

234. 字母变小

方法如图 G-30 所示,把大写字母变成小写字母。

235. 是"热"还是"冷"

会变"冷",因为移动两根火柴可以移成 ICE,即英文"冷"的意思,见图 G-31。

236. 六变九

可以变成 NINE (9)，方法如图 G-32 所示。

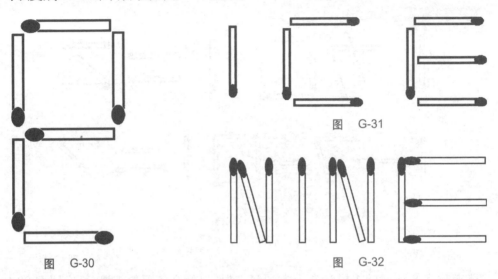

图 G-30

图 G-31

图 G-32

237. 十变二

见图 G-33 (a)，移动其中的 1 根火柴，然后逆时针旋转 90°即可（从侧面看），见图 G-33 (b)。

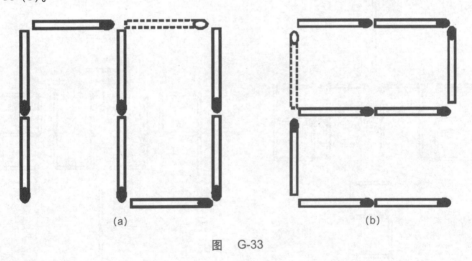

(a)

(b)

图 G-33

238. 数字变换

本题很简单，答案略。大家自己填一下试试看吧。

八、火柴小魔术

239. 翻身

选择 B。

根据每根火柴的前后位置判断。

240. 火柴悬空

把桌上的火柴点燃,然后用其点燃杯子中间的那个火柴头,等 1 ~ 2 秒后吹灭,这时它会凝固,粘在玻璃杯上,这样就可以移走另一个杯子而使火柴悬空了。

241. 搭桥

方法如图 H-1 所示。

242. 调转火柴

方法如图 H-2 所示。

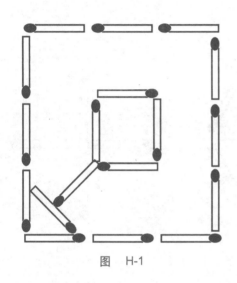

图　H-1

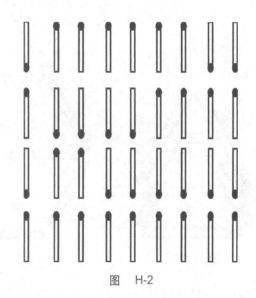

图　H-2

243. 摆数字

这个数是 −11,见图 H-3。

244. 8 个三角形

将 2 根火柴棒底端的正方形对齐,然后将其中的 1 根转动 45° 即可。

245. 消失的三角形

把原图变成如图 H-4 所示的形式即可。

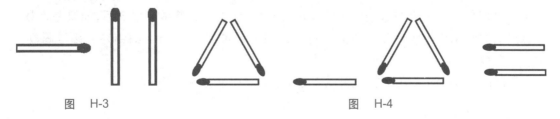

图　H-3　　　　　　　　　　　　　　图　H-4

246. 相同的三角形

我们应该都知道用 4 根火柴在平面上是绝对无法拼出 2 个完全相同的三角形的。不能从正面探讨出答案,不妨由别的角度来寻找答案。用这根火柴按压你的上眼皮,你就会看到两个一样的三角形了,见图 H-5。

247．变成六角形

至少需要移动 4 根火柴,即移走图 H-6 中虚线所示的 4 根火柴即可。

248．摆正方形

只需要移动 1 根,把最下面的火柴向下移动一点就可以了,见图 H-7。

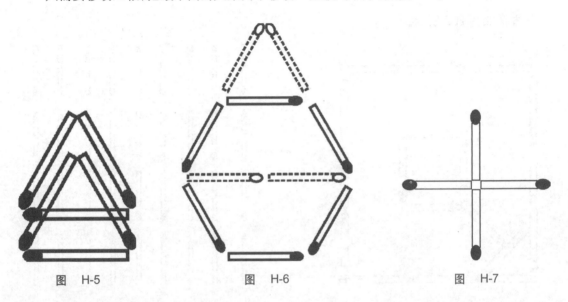

图 H-5　　　　图 H-6　　　　图 H-7

249．逻辑关系

按照字母表的顺序,火柴根部的字母向火柴头处前进,前进的位置有几个火柴头指着,这个字母就前进几步。例如从 M 到 O 的位置,因为 O 处有两个火柴头指着,所以字母 M 应该前进 2 步,变成 O;而 R 到问号处,需要前进 4 步,这样就变成了 V。所以问号处应该是字母 V。

250．猜单双

因为爸爸一共交给小明 5 根火柴,分两只手拿,那么一定一只手是单数,一只手是双数。而左手火柴数乘以 2,右手火柴数乘以 3。两个奇数相乘结果还是奇数,任何数和偶数相乘都是偶数。左手火柴数乘以 2 后一定是偶数,而右手火柴数乘以 3 后,如果是奇数,那么最后的结果应该是偶数 + 奇数 = 奇数;如果是偶数,那么最后的结果应该是偶数 + 偶数 = 偶数。

所以根据最后结果的奇偶,就可以断定小明右手中拿着的火柴的奇偶了。

251．逐步减少（1）

方法如图 H-8 所示。

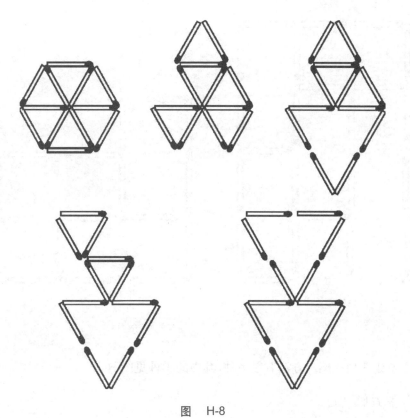

图　H-8

252．逐步减少（2）

拿掉的火柴如图 H-9（a）虚线所示。

然后再移动图 H-9（b）中虚线处的火柴即可。

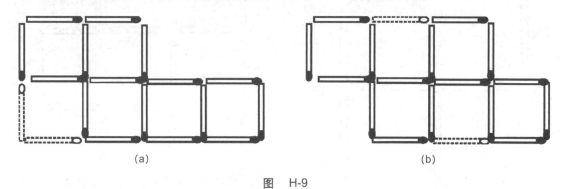

(a) (b)

图　H-9

253．没有正方形（1）

拿走 9 根，方法如图 H-10 所示。

254．没有正方形（2）

拿掉的火柴应能尽量多地"破坏"正方形，如图 H-11 所示，拿掉 4 根火柴即可满足要求。本题的拿法不唯一。

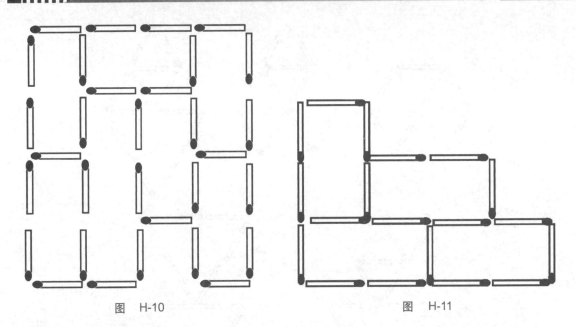

图　H-10　　　　　　　　　图　H-11

255．没有正方形（3）

至少要拿走 3 根火柴。方法有很多种，其中的 1 种见图 H-12。

256．没有正方形（4）

至少要拿走 5 根火柴。方法有很多种，其中的 1 种见图 H-13。

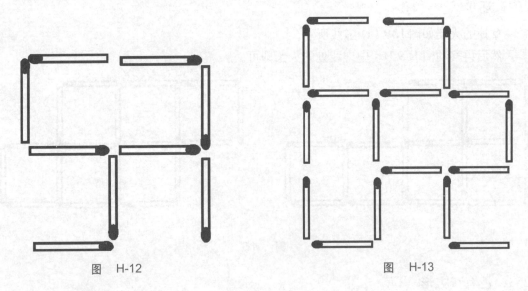

图　H-12　　　　　　　　　图　H-13

257．没有正方形（5）

方法如图 H-14 所示。

258．没有三角形（1）

至少要拿走 3 根火柴。方法有很多种，其中的 1 种见图 H-15。

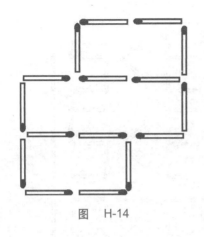

图　H-14

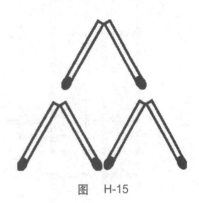

图　H-15

259．没有三角形（2）

至少要拿走 4 根火柴，方法如图 H-16 所示。

260．没有三角形（3）

需要拿掉 6 根火柴，方法如图 H-17 所示（方法不唯一）。

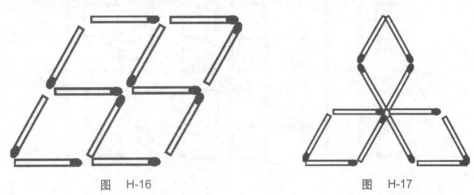

图　H-16　　　　　　　　　　　　图　H-17

261．不同的移法（1）

因为右边的 21 无法通过移动 1 根火柴变小，所以只考虑左边算式，或使被减数变大，或使减数变小，或改变"－""＞"等符号。

将"－"号变为"＋"号，则如图 H-18 所示。

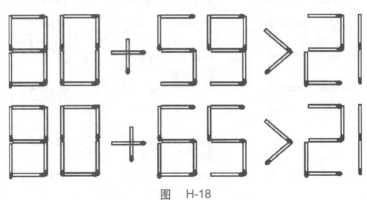

图　H-18

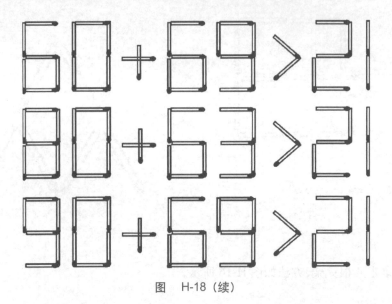

图　H-18（续）

改变"＞"号,则如图 H-19 所示。

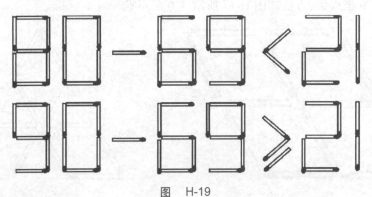

图　H-19

改变被减数与减数,则如图 H-20 所示。

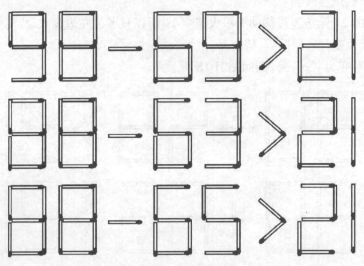

图　H-20

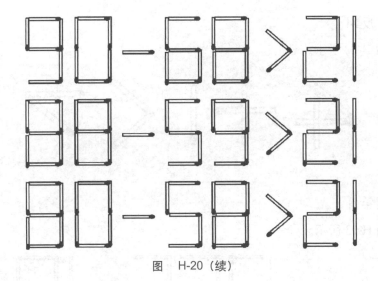

图　H-20（续）

262. 不同的移法（2）

方法如图 H-21 所示。

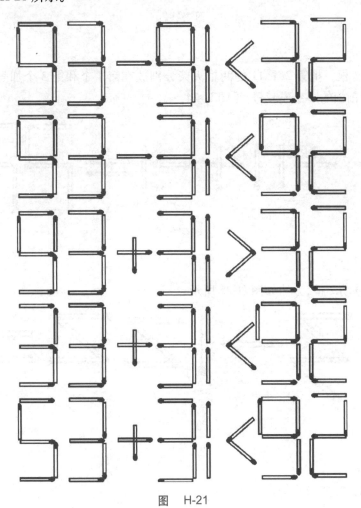

图　H-21

263．不等式反向

方法如图 H-22 所示。

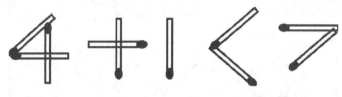

图　H-22

264．火柴摆年份

方法如图 H-23 所示。

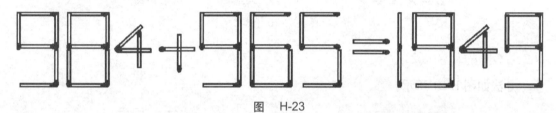

图　H-23

265．8 个 1

最少移动 3 根。把第 2 个 11 的两根火柴分别放在第 1 个和第 3 个加号上,变成 4,然后把第 4 个 11 前面的 1 变成减号,见图 H-24。

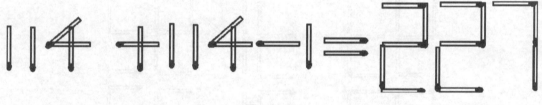

图　H-24

266．最少的移法

至少需要移动 2 根,方法如图 H-25 所示。

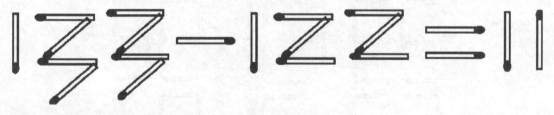

图　H-25

267．数学式子

方法如图 H-26 所示。

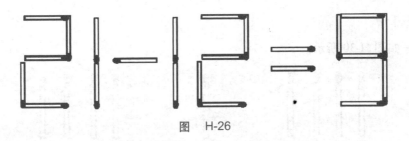

图　H-26

268．都成立

　　2个式子合在一起看，6变成5，0变成8,即可满足要求，见图 H-27。

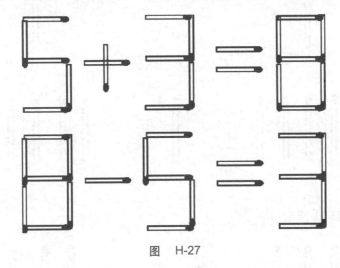

图　H-27

269．九宫格

　　方法如图 H-28 所示。

270．怎么排列

　　方法如图 H-29 所示。

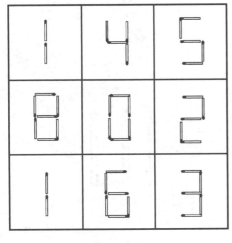

图　H-28

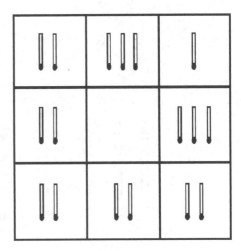

图　H-29

271．都等于 9

方法一如图 H-30 所示。

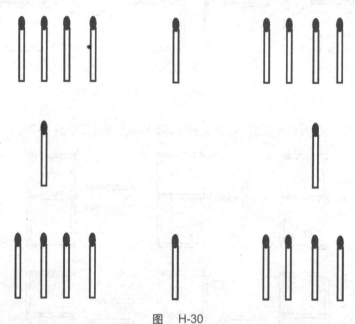

图　H-30

方法二如图 H-31 所示。

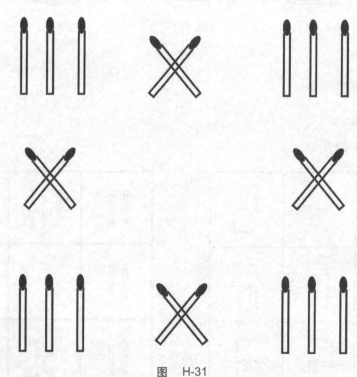

图　H-31

参 考 文 献

[1] http://wenku.baidu.com/view/dab08abff121dd36a32d8291.html?re=view.

[2] 黎娜. 哈佛给学生做的 1500 个思维游戏 [M]. 北京：华文出版社，2009.

[3] 黎娜，于海娣. 全世界优等生都在做的 2000 个思维游戏 [M]. 北京：华文出版社，2010.